遠い道程

水堂須佐男神社御神木

わが神職累代の記

阪神大震災で倒壊寸前の社殿と、
ガレキと化したその後の姿
（平成7年1月17日）

復興成った新社殿（平成10年11月）

夏祭りの人出で賑わう
境内（平成 28 年）

新社殿上棟祭で切麻《きりぬさ》をまいて四方を祓う上村武男宮司（当時）

上村秀嗣宮司
（秋祭りにて・平成 28 年）

机上（平成 28 年）

遠い道程

わが神職累代の記

上村 武男

人間社

目次

プロローグ

階段と鏡——歴史について

まだ三十代のはじめころ、わたしは二つの比喩——すなわち階段と鏡というものを考えたことがある。この二つの比喩像によって、世界全体の構造を把握できるように思えたのである。それは、妄想であったかもしれない。しかし、この階段という比喩と鏡という比喩とをうまく使うことができれば、事物があるということの真実に自分もまた、ぐいと近づけるのではないかと感じて、胸がどきどきした。

昭和四十九年の秋であった。西日が差し込むアパートの一室で、先の妻と別れたばかりのそのころ、西田幾多郎を中心に哲学書を読み耽る日々を送っていた。

階段と鏡？　そんなあいまいで詩的な喩でもって、世界認識が果たせるわけがないではないか。そう思われても仕方がない。が、しかしまた、世界というものが「そんなあいまいで詩的な」ものであったとしたならば、どうであろう。それというのも、だいいち、そんなことを妄想している、じぶんという曖昧模糊たる個の存在を抜きにして、世界全体の構造もなにもあったものではないからである。

世界は、階段のかたちをしている——さみしい遺伝子のような螺旋階段の。

世界は、鏡をもっている——うつくしい女神のように合わせ鏡を。

※

いま、歴史というものを考えるときにも、同じようなことが言えるかもしれない。

歴史は階段の喩像をもって語るにふさわしいし、それはまた「鏡＝鑑」そのものでさえある。大鏡、増鏡、東鏡というように、歴史を物語ることは、すなわち「鑑みる」ことにほかならなかった。また、歴史的なものは、いのちを次々に受け継いで、階段をひとつまたひとつ、昇り降りするすがたを髣髴させるのである。

※

昭和四十九年九月二十三日　晴

階段と鏡。

十七世紀オランダの画家レンブラントに、「哲学者」と題された一枚の絵がある。うす暗い、夕闇が込めたような、がらんとして調度少ない部屋の、その左上方の高みに穿たれた一つの窓から、一条の光線が斜めに差し込んでいる。その光線のなかから、一人の痩せた男が、椅子にうづくまって、俯き加減になにやら沈思している姿が浮かび上がる。そして、画面の右前方には、螺旋階段が、夕闇か白夜のようなこの部屋のうす暗がりのなかへ、涯なく消え入っている。大きな一つの螺旋階段が――。それ以外には、この部屋に何の飾り気とてはない。

階段と鏡。

たとえば、どこまでも深く降りてゆくことができ、またどこまでも高く昇ってゆくこともできる階段というものを考え、その上下両端が暗闇に消えてゆく涯をも想定するとき、その暗闇の涯には、目もくらむような非合理的なものの世界がある。すなわち、経験の世界、出来事の世界である。

ところで、かかる階段の像をそのものとして在らしめているところのものを、鏡のイメージで把握するならば、この鏡はつねに明証的なものであろう。いいかえれば、自覚の構造を象徴するひとつの像たりうる。いや、像というよりは、かえって像がそこで成り立つところ、像を映すもの、なべての形象がそこに於いて現れている場面と考えられる。

※

三十代に入ったばかりのわたしは、日がな一日、こんなことばかり考え耽っていた。「階段と鏡」といっても、その当時のわたしは、それをイン（en-）の方向に深めこそすれ、エクス（ex-）の方面に展開させることがむつかしいのであったにちがいない。つまり、内に閉じても外に開くこと、稀であったといってよい。

しかし、死なずに生きていると、青春の洞窟から抜け出て、壮年の草原が開けるということもある。それはあらかじめ予期することはできないが、二十歳の青年は、生きておれば三十歳になり、やがて四十、五十になる道理である。このごくあたりまえの道理のなかに、とてつもない真理が含まれている。どういう真理か。ひとは年を取るものだということ、そして年寄りになれば、いずれ皆、帰るということである。どこへ帰るのか、人生のはじめへ、だ。

わたしの母は九十七歳で亡くなる間際に、「家に帰るわ。ほれ、あそこに。前に川があるでしょ、あそこに帰る」と、ほとんど聞き取れない声を出してつぶやいていた。その家というのは、わたしたち子供と暮らし、長年連れ添った夫をも見送った尼崎・水堂の神社の社務所のことではなくて、もっとむかし、自分が生まれた兵庫県有馬郡の、六甲山の裏側にある山奥の農家のことのようであった。

とても執着していたはずの、人生の時間の大半を過ごした尼崎の家のことは、尋ねても、すっかり忘却していた。認知不全が進んでいたとはいえ、これはわたしや、最期まで介護をした妻には、衝撃的な真実を突き付けられたできごとであった。

「死を視ること、帰するがごとし」とは、よく言ったものだと、わたしはつくづく思ったものである。

※

ひとは年を取って、年寄りになって、それでいいことなど何もないよ、という。ほんとうだろうか。

わたしのはなしをすれば、七十を過ぎて「ああ、もう末期だね。目は左がほとんどみえず、それで視界に入る事物の遠近が分からず、歩くのも足元がふらふら。手は震えて字が書けない、食器が持てない。もっとも、脳深部刺激療法の手術を受け、電気刺激装置を頭から胸に通して、それを自分でオンにしたりオフにしたりして、どうにか人前に出られているがね。まるで、ロボット人間だよ。ああ、末期だ」などと、大げさに嘆いて見せることがある。「それは、これまであんなにいっぱいものを書いてきた武男さんだから、目をやられるのは当たり前なのよ。いちばん使ったところから、弱るの。わたしは動きすぎて、膝をやられたわ」と、トシのちがわない妻のいうことには、へんに説得力がある。

いずれにせよ、ひとは年寄ることで、おのずから死ぬ練習をしているのである。そう思えば、年を取ることは、いい人生の経験なのだ。

「自分はどこから生まれて、どこへ死んでいくのか」——これである。

そして、これに答えを与えてくれるものこそが、みずからの生命の経緯《ゆくたて》というものにほかならないだろう。すなわち、わが生の横の方向と縦の方向。空間面と時間面。その両方の交差し、交響する一点におのれは立っている。「いま—ここ」に立っている。

※

ひとが「いま—ここ」に立っている、存在しているといえるためには、どうしても階段的なものと鏡的なものとが、ともに必要になる。「いま」には、いまではない時間が、さきにもあとにも、過去にも未来にもそれとなく「いつか」として予期されているし、「ここ」といえるには、ここではない空間が、ここから「どこか」へ波紋を描くように広がり伝わることが、あらかじめ含まれている。

しかし、そういう詩的であいまいな、幅や奥行きやズレやブレをもったものこそが、人間という存在の在り方なのである。そうした人間存在の特質を、もっとも具体的かつ普遍的に露わにさせる事実がある。それはおそらく、ひとは、皆、だれかの子としてしか、この世に生まれてこないという事実だ。親なくして子は存在しない。たとえ人工授精であろうと、何であろうとも。

※

蹴上げ（高さ）と踏面（奥行）とを繰り返して、階段は「いつか—どこか」から始まり、「いつか—どこか」へ消えていく。ひとの人生の道は、つねにこの階段の途中にある。途中にあるという仕方でしか、この道は存在しないのである。親から生まれたという、どうしようもない事実が、この途中を成り立たせている元凶だ。そして、この親は、また誰かの子として生まれ出た。この連鎖は、永遠にさかのぼる。また、どこまでも降っていく。

ここにおいて、自分とか己とかいった「個」の経歴など、ちっぽけなものだといわざるをえない。「ひとの生涯は、七割がた、先験的に決まっている」

これが、わたしの持論である。どうしようもない父親母親でも親は親、どうしようもない息子娘でも子は子。個としての人間が自由に暴れられるのは、世界のせいぜい三分の一である。自分史を超えて家族史が重要な意味を帯びてくるのは、そのせいであるにちがいない。誰にとっても、「歴史」が発生するのはこの場面においてではないだろうか。

親という鏡、子という鏡——この二つの鏡を向き合わせてみると、そこには際限もなく、ほとんど「世界の涯まで」映っているのかもしれない。ひとが精神を病むのも、よくよく見れば、この合わせ鏡の構造ゆえかもしれない。はてしない階段と鏡の世に棲んで、親と子はいま、どのへんにいるのだろう。

※

自然科学であれ社会科学であれ、それが歴史の地平に降り立ったときに、はじめて人間の顔をもつ。人文科学となる。文学、哲学、そしてあらゆる芸術がここに馳せ参じる。

わたしが生まれ育った家は、社家《しゃけ》と呼ばれる。それも、大都会の近郊に鎮座するごく小さな村やしろ。鎮守。そこの神職が家業である。わたしもそれを継いだ。聞くところによると、江戸時代から累代続く家だという。七十を過ぎたころ、わたしはそういうみずからの「経緯《ゆくたて》」をちょっと、訪ねてみたくなった。鑑みてみたいとおもった。

《第一章》

ひげの神主さんは、馬に乗って――。

［曾祖父のことなど］

1

いまはむかし――

およそ二百年あまり時代を遡ったころのはなしである。

神職としてのわたしの、遠い、はるかな祖先で、名前が分かっているひとが、そのころに生まれた。江戸後期である。

そのひとは、江戸は寛政十二年（一八〇〇）あたり――「あたり」というのははっきりした古文書や神社史料に明記されているわけではないからだが――に生まれ、そして姓名を上村佐内《さない》という。

このひとが、名が分かるわが父祖の、はじめの人物であり、摂津国川辺郡東難波《なにわ》村（現在の兵庫県尼崎市東難波町）の村社・八幡神社の神官であった。このひと以前に、名の伝わらない神官が、上村姓として十何代続いていていたという。

しかし、そんな名も知れぬ、雲霧の彼方みたいな時代のことに、わたしの関心は向わない。この上村家が神官として十数代うんぬんというのは、いわゆる口碑・伝承の類いに属するのである。吹けば飛ぶような村やしろの神主が何代目であろうが、そんなことは、狭い神社界ではいささかの話題性があるかもしれないけれども、社会一般にはたいして問題ではない。

先祖代々などという家は、世間にざらに存在する。

したがって、わたしは、わが家の〈家系〉の古さや由来を、他に向って自慢したりはしない。〈家系図〉を作って床の間に飾る趣味もない。

ただ、知りたいのである。

少なくとも名が伝わっている父祖が、どんな人物であったのかを。

それと同時に、わたしはまた知っているはずなのである。精確に、かつは自分の人生のコースや物事の認識の仕方とクロスさせ、しかも他に通じるかたちでそれを〈語り継ぐ〉作業が、いかにむつかしいかということを。しかし、せめて、自分の、父方でも母方でもいい、祖父母以降のご先祖様の仕事や名前や生活圏くらいは、知っていなければならない。もし知らないなら、なぜ知らないのかを考えてみるべきだ。そこからこそ、いま自分が立っている場所の風景も見えてくる。

こうした認識は、わたしたちのいわば社会的な常識の範囲内であろう。わたしもそこから出発して、この「わが神職累代の記」を始めることにしたい。

2

いま名を挙げた上村佐内というひとは、わたしからすれば、世代として五代まえの、江戸時代の末期に近い時代に生きたひとである。

文化・文政・天保の世——すなわち十九世紀の前半。

国学者の本居宣長が、畢生の大作『古事記伝』を何十年かけて完成させたあと、あたかも産卵を終えた魚がそのままいのち終るようにして、七十二年の学者兼医者の生涯を閉じたのが、一八〇一年のこと。歯っ欠け爺さんになってから、徳川幕府の命によってとはいえ、伊豆・陸奥・出羽・越後などの地を手始めに、十年以上の歳月を費やしてついに日本列島すべてに及ぶ『沿岸実測全図』を伊能忠敬が描き上げたのが、一八一四年。

十返舎一九が『東海道中膝栗毛』のような読本を綴り、小林一茶が名句集『おらが春』を編み、平田篤胤《あつたね》が『古道大意』を著わし、葛飾北斎は『富嶽三十六景』を描き、鈴木牧之《ぼくし》は民俗誌の傑作『北越雪譜』を遺す。

そういう時代である。大地震と暴風雨と大火と飢饉は、ほとんど毎年のように、繰り返し起きて、ことに農民・庶民の生活を苦しめた。その窮民を救おうと、各地で抵抗・一揆・反乱もまた、多発し、幕藩はそれを権力で弾圧した。大坂町奉行所与力をやめ、私塾洗心洞をひらいて陽明学を子弟に教えていた中斎大塩平八郎が、天保八年（一八三七）に私塾生や近隣の農民とともに決起したが、失敗、中斎は三十四歳で自決——という「大塩平八郎の乱」は、その顕著な出来事のひとつであるといってよい。

ところでさて、そういう時代の神官というのは、いったい、どういう暮らしをしていたのだろうか。

大社のことはいざ知らず、わが父祖のような小さな村やしろの神官は。

名の知れる初代の父祖・佐内は、ご多聞に漏れず、詳しい経歴も人物像も想像の外にある。ほとんど何も分かっていない。肖像写真一枚、残っているわけでなく、そもそもこの「佐内」という名前からして、わたしの曽祖父の記憶によるのであって、何か当時の文書などに記録があるのではない。

それでもこの時代に、姓名を名乗ることが出来ていたのは、おそらくはもっと古い源氏平家が争った戦国時代の武士あたりが、摂津の国の難波の里にも移住し、そこで何軒かが交代で難波の地の氏神の神職を勤めていたのかもしれない。〈難波七姓〉と称する旧家がかつて存在し、上村姓もそのひとつであった。そのうち、なんらかの理由で「十数代まえ」からは上村家のみが神職――〈氏神の神主さん〉を勤めるようになったものであろう。

しかし、名前のほかに分かっている事柄が、まったく無いわけではない。

ひとつは、没年。

天保十一年（一八四〇）二月以前

以前、とはまた、大まかな話であるが、根拠のある話でもある。というのは、佐内の息子が父のために建立したと思える墓石に、はっきりと、

「天保十一子歳　春二月建之　東難波村　上村佐左衛門」

と刻まれているからだ。ただし、このささやかな四角く丈低い，年経た墓石に「上村佐内」の字はない。かわりに、「神光大演信士」「真光明演信女」とあるだけである。「信女」が誰なのかはわからないが、いずれも戒名であろう。神官にも戒名がついたのである。カミもホトケも同居、混在していたのであろう。とにかく、こうした墓銘が存在する。したがって上村佐内はここに記された年月の「以前」に死んでいなければならない。

この墓は、いま、尼崎市東難波町の浄徳寺境内の「上村家之奥津城《おくつき》」の一角にある。

もうひとつは、佐内そのひとの霊璽《れいじ》（霊位・位牌）はないのに、その妻――名前は分からないが――のものが、現在の難波八幡神社の霊神様すなわち祖霊舎のなかに納まっていることである。そこには、こうある。

「明治三年七月二日神去　上村道賢祖母　行年六拾六才」

道賢《みちかた》というのは、わたしの曽祖父であるから、これは佐内の妻の霊璽ということになる。そして、没年と享年から換算すると、この佐内の妻は文化元年（一八〇四）ころに生まれている。そこから普通に夫は妻より数年年長と推定すると、佐内の生年は寛政末年（一八〇〇）か享和初年（一八〇一）あたりではなかったろうか。そうすると佐内の生涯は、およそ四十年ほどであったことが判明する。当時としては、やや早世であろうか。それとも、こんなものだったか。

さらにもうひとつは、上村佐内が自分の神社において、文化年間（一八〇四〜一八）から、私塾を開いて郷党の子弟を教えていた――と伝えられていることである。

このことは、わたしの父だけがいくつかの文章のなかで書いているが、そのいちばん最初の記述は、父三十歳、昭和十五年（一九四〇）十一月二日の日記で、このようにある。

上村佐内（神職）

文化年間に現尼崎市難波本町四丁目二三五番地八幡神社内に於て私塾を開き、郷党の子弟を教育す。天保十一年二月以前没。

文化年間といっても、トシ格好からみてその末期、佐内十代後半のことであろう。そしておそらく没するまでその私塾は続けられたのにちがいない。というのも、佐内の息子、そしてさらに孫へと、塾は継承されて明治に到っているからだ。

そのへんの事情を、父の日記の続きに見てみよう。

上村佐右衛門（神職）

佐内の子。塾を継承。天保十一年二月以降没。

上村佐左衛門（神職）

佐右衛門の弟。佐右衛門の没後、塾を継承。万延元年［一八六〇］九月十八日没。

上村道賢（神職・教員）

安政五年九月十八日生。佐左衛門の長男。明治三年三月十四日相続。塾を継承。明治五年八月、学制発布後間もなく、同村内に難波小学校の創設せらる、や、塾を閉ぢ、同校教員を拝命。明治三十年迄勤務せり。昭和十一年十一月七日没。神職たること六十八年に及び、知事の表彰を受けしことあり。

日記にしてはずいぶん整った書きぶりであるが、これはじつは、紀元二千六百年記念に私設団体「帝国教育会」（会長・永田秀次郎）が全国に呼びかけて、「父子三代以上にわたって教育に尽した家」を顕彰・表彰したときに、父が出した申請書類の写しなのである。この「上村家教育関係系譜」は、このあとも、道賢の息子・秀次とその妻・じゅん、秀次の息子・秀男とその妻・政子、秀男の妹・信子と続く。秀男というのは、わたしの父である。わたしとわたしの妻も幼児教育に関わっている。

ということは、上村家の、父方のわたしに連なる家系は、神職の家であると同時に、教師の家でもあるといってよいわけだ。

なんだか、立派そうな、けれど堅苦しそうな家系！

しかし実態は、村やしろの貧乏神主の悪戦苦闘そのものであった。夭折するものも多く、貧苦と病苦と、加えて絶え間ない家庭苦とに晒されながらも、なんとか家系をつないできたというのにすぎない。それでも、私塾・寺子屋の御師匠さん、やがて村塾・公立小学校の先生を、代を継いで務めたというのであるから——そうでもしないと食べていけなかったのでもあろうが——それ相当の人望や素養などを身に纏っていたのにちがいない。そう考えるのが普通であろう。

ところが『尼崎市史』などに載っている江戸から明治にかけての「私塾・寺子屋」の一覧に、わが父祖のこの塾のことは、いくら眼をこすって見ても、なぜか、出て来ない。よほど規模が小さかったのか。それとも単に調査から漏れただけか。すべては、杳として分からない。

ただ、わたしが知りたいのは、わが父祖が開いていた塾で、何を教えていたか。いわゆる〈読み書きそろばん〉ということは容易に想像できるとしても、果たしてそれだけであったか、どうか。

塾の主宰者は、同時に、村の鎮守・氏神の神主さんである。江戸時代から明治のはじめという時代、その私塾で——公的な教育機関としての尼崎藩校は儒教系であったが——たとえば少し年長の塾生がいたとすれば、『古事記』や『日本書紀』や『万葉集』といった古典をこそ、先生も生徒もともに学んだ可能性はなかっただろうか。わたしは、そういう一文にもならない空想をしてみる。

しかし、この空想をちょっとだけ、現実のほうへ引き寄せてくれる事柄がないではない。

上村佐内の長男は、「学者で村塾を開いたりして徳望が篤かったようであるが、若くして病没し」と、わたしの父が書き残していること。これがひとつ。

なお、この「学者」さんは、例の霊璽によると、天保三年（一八三二）ころに生まれて、万延元年（一八六〇）九月十八日に亡くなっている。享年わずか二十八歳。結婚していて、あとに遺されたのが、二歳になるかならないかの長男・道賢［安政五年（一八五八）九月十八日生まれ］にほかならない。その長男の妻を次男が娶った。したがって、佐内の長男の「学者」さんが道賢の〈生みの父〉、その弟――これがまた、三十六歳で明治三年三月二十四日に没してしまうのだが、大酒飲みで豪放磊落、兄とは正反対のような、相当に無茶な生活を送り、隣村まで他人の地所を踏まずに行けるほど広大な土地を持っていたのを、ほとんど一代で無くしたという――が、〈育ての父〉というわけであろう。

写真１　上村 道賢

「父が二人いる」

これが後世、家系の記述に混乱をもたらした所以のようにおもえる。父の記録にも若年と最晩年のものとでは、「佐右衛門」と「佐左衛門」が入れ替わっている（たとえば、昭和十五年の父の日記で、上村佐左衛門の没年が「万延元年」とあるのはまちがいで、これは兄の佐右衛門のほうの没年である）。『尼崎志』（第二篇・永尾利三郎・昭和六年・尼崎市）も、墓碑の刻みを「左」なのに「右」と誤記している。

さて、塾で何を教えていたか、いや、少なくとも塾の先生は何を学習していたか、そのヒントを与えてくれそうな文献資料が、現在、わたしの書棚に存在する。

ひどく古びた和綴本である。

一冊は、本居宣長の最晩年の書『訂正　古訓古事記』（三巻）で、享和三年（一八〇三）の刊本。上村佐内が生まれたころに当たる。この本には、蟻がびっしり密集したほどの極細字でもって、版本の余白という余白を使って、同じ宣長の『古事記伝』が筆写してある。その字がまた、うまい。誰の筆であろうか。

もう一冊は、神官・敷田年治の『古事記標注』（三巻七冊）で、これは明治十一年刊。上村道賢九歳のときだ。

4

ところで、この道賢という人が――わたしの曽祖父であるが――肖像写真も書字もエピソードも残る最初の父祖。そして、中肉中背だが、筋骨隆々として豊かなあご鬚をたくわえ、武芸にとても優れていたこの神主さんは、東難波村の本務社のほかに、いくつかの村の社（西難波・七松・尾浜・西長洲・生島・水堂など）をも兼務していた。そして、祭礼の日には、愛馬に乗って、それらの神社へ向ったという。社務所のすぐ隣で、家族のようにして、馬を飼っていたのである。神事のあとの酒に酔って、神主さんが帰路、馬上で眠ってしまっても、馬はちゃんと、田んぼのなかの道をわが家まで乗せて戻った。

道賢が馬を愛したか、馬が道賢を愛したか。

あるとき、こんなことがあった。

道賢は、大阪の町を歩いていた。すると、擦れ違った馬力曳きの馬が急にうごかなくなって、その場でいなないた。道賢も変に思ってその様子を見ているうち、その馬が以前に自分が神社で飼っていた馬だと気付いた。忘れていなかったのだ……道賢の胸はつまった。そのあたりの店で大福餅をいっぱい買ってきて、その馬に食べさせた。

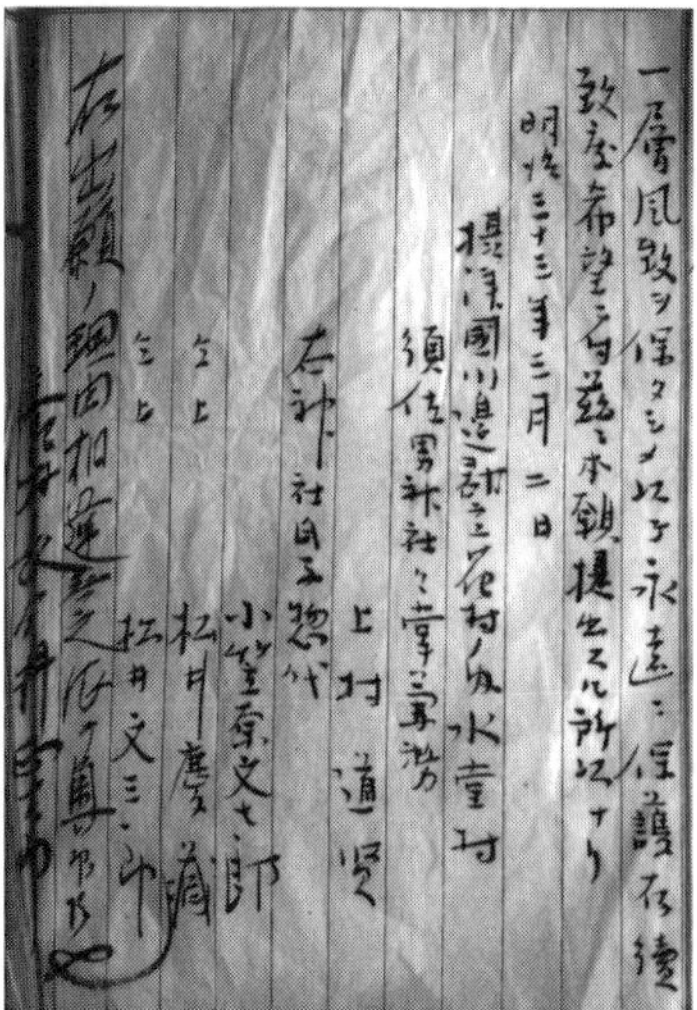

写真２　水堂須佐男神社境内編入願

道賢は、同郷同世代の講道館柔道の創始者・嘉納治五郎に私淑し、交際もあり、「武張ったこと」——棒術や柔術や相撲が得意であったというが、しかし他方、書もなかなか達者であった。明治三十三年

（一九〇〇）、道賢四十一歳のときに内務省に提出した「境内編入願」なる書類がある。その直筆の筆の字をみると、軽やかにして流れず、軽妙にしてかつ知的である。字の表面的印象は、一種躍るようでありながら、結体がしっかりしていて乱れない。

「軽やかな知性」

これこそが、わが曽祖父の本性であったかもしれない。村のもめごとは、水争いであれ夫婦喧嘩であれ、道賢が仲裁にはいると、たいてい解決したといわれるのも、それゆえではなかったろうか。現実生活のなかで幾重にも積み上げられた知恵と、そこからおのずから滲み出る、いわば人間の風合い、風格。

曽祖父道賢は、わずか二歳で父を失い、十二歳で家督を相続、十六歳で結婚。近隣の村の福井家から稼いで来た妻すて（捨）は十五歳。この二人は、やがて一ダース十二人の子を産むことになるが、生活は、神職と、わずかに残った土地での農業と、そして私塾の三本柱で支えた。

その私塾は、新しい学制によって開校した立花尋常小学校の難波分校が、明治十二年に出来たのを機に閉

写真３　上村道賢筆の鳥居扁額

じて、道賢はすなわち難波分校に訓導として奉職する。二十一歳であった。村の小学校の先生になったのだ。月給は平均して五円前後であったか。それを二十年近く続け、晩年は魚釣りを楽しんだりして、昭和十一年に満七十八歳で死んだ。その葬儀は、村始まって以来の盛儀であったという。わたしの父が伝えるところによると、剛毅にして正直・無欲、凛々しいひとであった。

大正十二年建立の鳥居に掲げられていた扁額に、「天満宮　道賢謹書」と刻んだ石碑が、いまも、東難波八幡神社境内にある。道賢、六十四歳の筆である。

折口信夫は大正時代に、神職たる者はすべからく郷党の師父たるべし、と念願した文章を遺しているが、道賢という神主さんは、地味ではあるが、まさに〈郷党の師父〉と呼ぶにふさわしいひとであったのかもしれない。

いや、そういう人間としての風格を持つ者の、わが父祖のなかで最後のひとであったといえるだろう。

写真４　昭和 52 年当時の東難波八幡神社

《第二章》

十で神童、十五で才子、二十歳過ぎれば……。

［祖父のこと〈1〉］

1

前章では、兼務社の例祭（秋まつり）になると、田んぼのなかの野道を愛馬に乗ってぽとぽとと出向いていったという、ひげの神主さん（曽祖父・道賢《みちかた》）に到るまでの父祖のはなしをした。

今度は、その曽祖父の一ダースの子の長男である上村秀次《ひでつぐ》のことを、可能なかぎり、述べてみたい。秀次、すなわち、わたしの父方の祖父である。そして、ここからは直接的に自分の記憶に残る人物でもある。

じつは、わたしは以前に、この秀次おじいさんと二十一歳のときに恋愛結婚した、信州・長野生まれで東京育ちの女性・雨宮じゅん（祖母）の詳細な伝記を書いて、単行本にして世に出したことがある。『春の欄干』（編集工房ノア・一九九七年）という本であった。

しかし、詳細なといっても、それは祖母の七十五年にわたる生涯の、時間にすれば三分の一くらいに過ぎない結婚以前の時期のみを対象とした内容のもので、当然、祖父秀次のはなしは、ほんのわずかに触れたに過ぎなかった。

それで、ここではその祖父の生涯——明治十四年（一八八一）に生まれ、昭和三十一年（一九五六）に満七十六歳で死んだひとの歩いた道のりを、年代記ふうに述べてみたいとおもう。

そしてこの祖父がまた、明治人らしい気骨をもって生きたことはもとよりとして、多才にして身を持ち崩したというか、自由人の境地、浪人の気軽さというか、職も転々、住居も転々、女性問題がまた悩ましい。そういう、とんでもなく始末に負えない、おもしろい人物なのである。

美男子にして才走り、器用貧乏、背は高く腕っ節強く、多趣味のひとであった。

ただ、永く「職業婦人」（小学校教師）でもあり忍耐強い性格でもあった妻はもとより、友人に優れた人物がいて、そのおかげで生きていられたようなところがある。男女を問わず、どこかしら、ひとを惹きつける人間的な魅力を持っていたのかもしれない。

しかし、生涯にわたって、長続きした仕事はひとつもなく、定職というものを持ったことがなかった。なかでもいちばん長く続いたのは、神職であったろうか。

それも、昭和十九年の秀次自筆履歴書によれば、大正十三年（一九二四）、すでに中年期の四十四歳になって、やっと、この年の夏の兵庫県皇典講究分所主催の祭式講習を修了している。学科のほうは、昭和十七年（一九四二）、六十二歳に「学階二等司業学科試験」なるものに合格。つまりは十八年もかけて、還暦も過ぎてからようやく、一人前の神主たるべき一応の資格を身に着けたわけである。

ひとつには、父親の道賢が元気で神社の仕事が出来ていたので、貧乏神社に神職二人は要らなかったという事情もあったろう。

神社本庁から、神職階位「正階」を授与されたのは、じつに太平洋戦争敗戦直後の昭和二十一年（一九四六）六十六歳のときであった。実際に〈氏神の神主さん〉を務めた期間といえば、戦中戦後のおよそ十年間くらいであろうか（写真1）。

このように、歴代社家の長男として生まれながら、神職としての経験は僅かなものであるが、これにはいろいろとわけがあるにちがいない。祖父の、できるだけ詳しい「年譜」をつくりながら、考えてみたい。

2

わたしの父方の祖父・上村秀次は、明治十四年（一八八一）五月二十四日、兵庫県川辺郡立花村ノ内東難波村第九十六番屋敷（現在の尼崎市東難波町三―六―一五）に、うっそうと生い繁る鎮守の杜《もり》（森）に囲まれた村やしろ八幡神社の宮司上村道賢の長男として生まれた。

父道賢二十二歳、母捨《すて》十八歳。母の捨は、秀次が生まれる二年前にわずか十五歳で上村家に

写真１　白衣を身に着けた上村秀次
（年代不詳）

婚いできたという。そして、すでに述べたように長子・秀次をはじめとして十二人の子を産んだ。

末子は、明治三十四年十月二十日生まれの上村佐京というひとであるから、ざっと二十年間に十二回の出産を経験している。しかも、ほとんどの子供が、生後まもなく死去するというようなことなく、無事に育った。無学ながら、小柄な身体でよく働いた。

そのうえに、わが子ではない子供まで引き取って面倒を見、育てたという。

明治時代の大家族の典型のひとつといってよいかもしれない。秀次のきょうだいは、成人して市会議員をしたり、土建業を営んだり、保険会社の専務を務めたり、さまざまな人生コースをたどった。

しかし、そういう大家族の「長子の長男」として生まれた者には、またそれなりの、ひと知れない悩みがあったにちがいない。とても一筋縄では括れない、紆余曲折に充ち充ちた秀次の生涯の姿をおもうとき、わたしにはあまりにも謎が多いが、その謎を解く鍵のひとつに、

「長子として生まれてしまったこと」

があったのではないだろうか。秀次は、そのたったひとつの、どうしようもない現実に、どうも耐えられなかったのだ。

が、それはまだ先のはなしである。

家族の大きな期待を一身に受けて、秀次少年は、その期待に充分に応えることが出来た。

わたしの父が書いた追悼記「父の思い出」（昭和三十二年）の一節を引いてみる。

小学校のころは神童のほまれが高かった。ある時、郡視学が視察に来て、非常にほめた。又、県の高官が視察に来たときには、その面前で作文を朗読したりした。

高等科を出ると、伊勢の神宮皇學館に学んだ。入学当時は、まだ年少の父にとって寄宿舎生活は相当つらかったようである。皇學館では学問を修めると同時に剣道に励んで武を練った。剣道（当時は撃剣といっていた）は選手をつとめるほどの腕前で、あちこちへ試合に行った。そのときの鍛錬の結果、父は腕っ節については自信を持っていた。殊に腕角力《うでずもう》が強くて、どんな相手も打ち負かしてしまうので人々が意外に思うほどであった。

「小学校のころ」というから、まず十歳前後とみてよいだろう。そのころには秀次は〈神童〉と呼ばれるほど、学業がよく出来て、品行もまた良かったらしい。郡や県の視学といえば、当時の学校行政のお偉いさんだから、そういう人物に褒められたり、作文（当時は「綴り方」といった）を読まされたりすることは、この時代、たいへんな〈誉れ〉であったのにちがいない。

高等科（いまの中学二年に相当する）を出て、はるばる伊勢の神宮皇學館に学ぶ身となってからも、いわゆる「文武両道」に精進した様子を、この文章は伝えている。

こうした事柄は、おそらく、少年のころのわたしの父が、親とか、そのまた親から聞き伝えに聞いていたのであろう。むかしの人は、昔話をよくしたのである。

しかしわたしは、祖父秀次の少年時代の姿を、父の記憶よりもいっそう詳しく――おそらくは、いまや、わたしだけが知りうる事柄を――記録しておきたいとおもう。どんなおじいさん、おばあさんも、皆、むかしは子供であった。

3

小学校時代から十代終りまでの秀次の「学業」について述べたい。

明治五年の学制発布前後から、日本中に新しく、小学校というものが出来て、それ以前の寺子屋や私塾や藩校などに替わって、子供の教育を担うことになった。しかし、明治二十年代半ばころまでは、尼崎の場合をみても、めまぐるしく校区も校名も変遷を繰り返している。物事の始まりに、試行錯誤、混沌混乱は付きものであるが、秀次が小学校で学んだ時期が、ちょうどその明治新政府の教育制度黎明期に当たっていた。

それは、秀次が二十歳になるかならないかで書いた自筆履歴書によれば、つぎのようである（それにしても、二十世紀初年の明治三十四年〈一九〇一〉に綴られたこのような履歴書原本が、世紀を超えていまに自分の手元に遺っていること自体、ひとつの庶民の家族の歴史を物語ろうとするわたしには、たいへんにありがたい。祖父は死んだとき、借金も無ければ遺産も無かったというが、若い日からの自分の履歴書を数通遺しておいてくれたのは、思わぬ手柄である。内村鑑三流にいえば〈後世への最大遺物〉かもしれない）。

一　明治二十年四月簡易難波小学校ニ入学シ同二十三年三月卒業ス
一　同二十三年四月琴城尋常小学校四学年ニ入学シ同二十四年三月卒業ス
一　同二十四年四月琴城高等小学校ニ入学シ同二十八年三月卒業ス（証書写別紙ノ通）
一　同二十七年四月ヨリ二十八年十一月迄兵庫県士族久保松照映ニ従ヒ漢籍ヲ学ブ
一　同二十八年十一月伊勢神宮皇學館予科一学年ニ入学シ同三十二年一月迄修学シ家事都合ニヨリ退学
一　同三十二年九月ヨリ同三十二年十二月迄私立兵庫県教育会小学校教員講習科乙種ニ於テ講習証明書ヲ受ク（証明書写別紙ノ通）
一　明治三十三年一月二十九日小学校准教員免許状ヲ受ク（免許状写別紙ノ通）
一　同三十三年一月ヨリ三十四年三月迄兵庫県武庫郡廣田神社宮司中田正朔ニ従ヒ国学ヲ研究ス

この当時、小学校は六年間ではなくて、八年あった。そしてその前半四年を尋常小学校、後半四年を高等小学校とした。秀次の初等教育の学歴も、それに従ったものになっている。

ただし、「簡易難波」「琴城尋常」「琴城高等」という校名は、秀次が当時の通称を用いて記したと思われ、

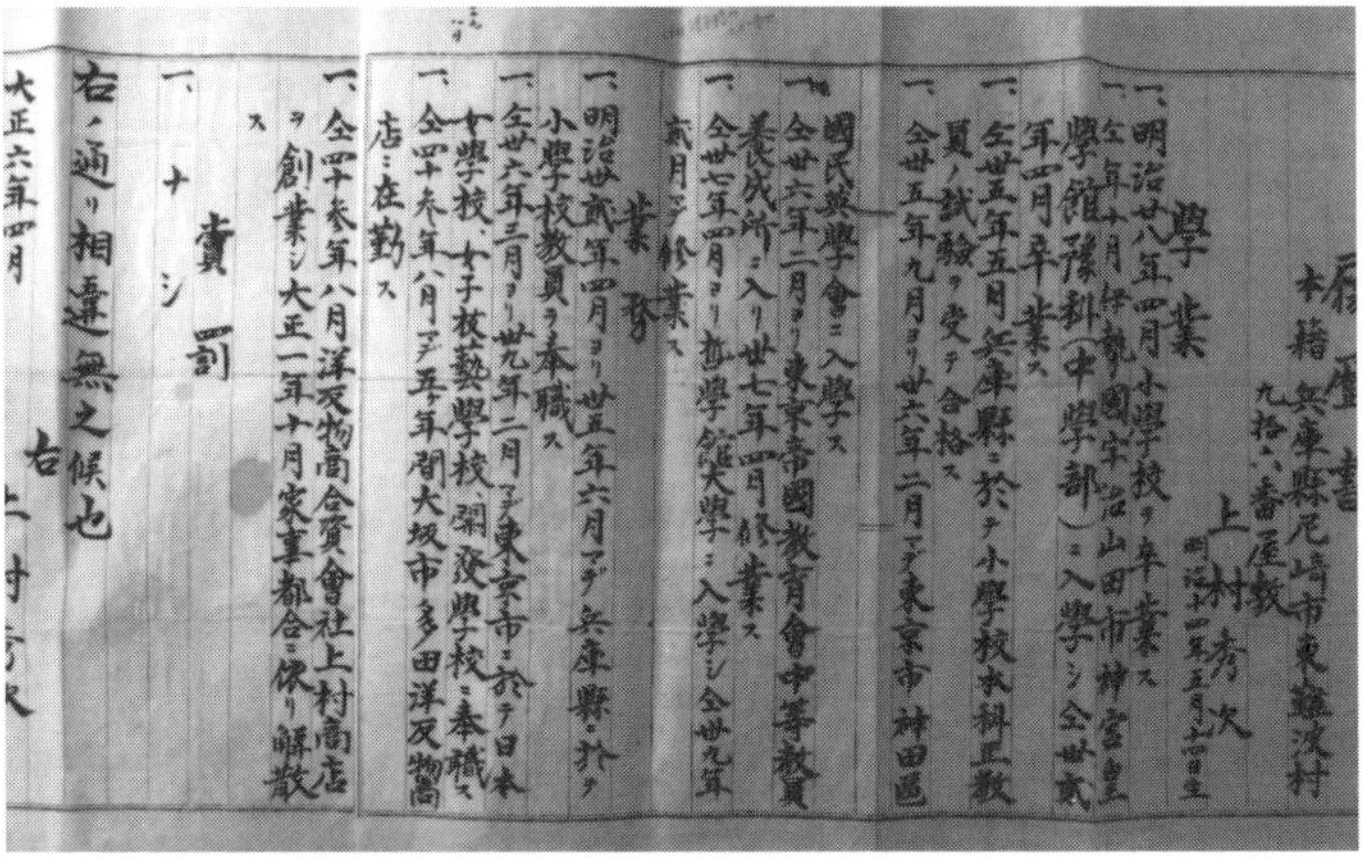

履歴書
本籍 兵庫縣尼崎市東難波村
九拾六番屋敷
上村秀次 明治十四年五月十四日生
學業
一、明治廿八年四月小學校ヲ卒業ス
一、仝年十月伊勢國宇治山田市神宮皇學館豫科(中學部)ニ入學シ仝卅貳年四月卒業ス
一、仝卅五年五月兵庫縣ニ於テ小學校本科正教員ノ試驗ヲ受テ合格ス
一、仝卅五年九月ヨリ卅六年二月マデ東京市神田區國民英學會ニ入學ス
一、仝卅六年二月ヨリ東京帝國教育會中等教員養成所ニ入リ卅七年四月修業ス
一、仝卅七年四月ヨリ哲學館大學ニ入學シ仝卅九年貳月マデ修業ス
業務
一、明治卅貳年四月ヨリ卅五年六月マデ兵庫縣ニ於テ小學校教員ヲ本職ス
一、仝卅六年三月ヨリ卅九年二月マデ東京市ニ於テ日本中學校、女子技藝學校、開發學校ニ奉職ス
一、仝卅九年八月マデ五ケ年間大阪市多田洋反物商店ニ在勤ス
一、仝四十三年八月洋反物商合資會社上村商店ヲ創業シ大正一年十月家事都合ニ依リ解散ス
賞罰
一、ナシ
右ノ通リ相違無之候也
大正六年四月
右 上村秀次

写真2　上村秀次の自筆履歴書（大正6年）

ほんとうは、それぞれ「難波尋常」（のちの「立花尋常小学校難波分校」）「尼崎尋常」「尼崎高等」という小学校。

この高等小学校の秀次の卒業証書が、現存する。

さて、〈神童〉秀次は、こうして小学課程を終えるのだが、この履歴書がユニークなのは、「兵庫県士族久保松照映に従い漢籍を学ぶ」とか「廣田神社宮司中田正朔に従い国学を研究す」と書かれているところである。高等小学校を出てすぐに神宮皇學館予科――予科というのは「中学部」のことらしい――に進んだのではないわけで、学校教師になるために勉強しながらも、西宮の古社の神官から国学をも学んでいるのである。

このふたつの経歴は、のちに綴られた大正期（写真2）と昭和期の秀次履歴書には、まったく登場しない。それだけに明治三十年前後、すなわち秀次十代の勉学の姿を彷彿とさせるものといわなければならない。

久保松照映は、この当時の「学区取締」というような役職にあって、教育行政に関わった人物で、小学校用の教科書『摂津地誌略』（明治一二年）を編纂したりしているが、秀次がどういういきさつでこのひとに「漢籍」――いわゆる四書五経であろうか――を学ぶことになったのかは、分からない。照映は、明治十年代に尼崎町長も務めている。

ただ、一年半ほど中国古典を学んだあと、履歴にあるとおり、遠く伊勢の地に遊学するのであるが、驚くべきことには、このときに照映が教え子秀次に贈った歌の短冊が、わたしの手元に残っている（写真3）。そこには、こうある。

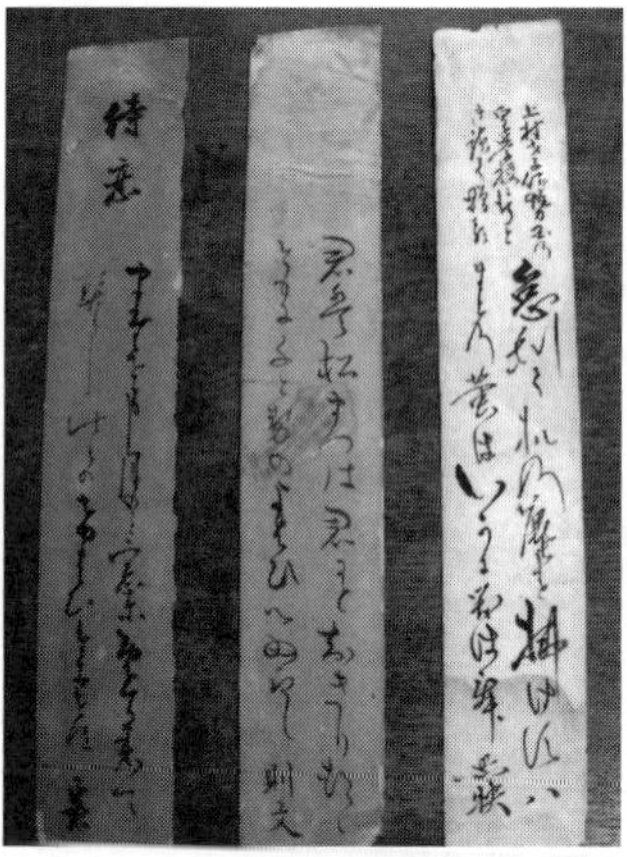

写真３　上村秀次に贈られた和歌
（右から旧薩摩藩士久保松照映、皇學館学長鹿島則夫、廣田神社宮司中田正朔）

上村才子伊勢国乃皇學校尓行とき読て贈歌
怠利て机の塵を払は津ハ
まと乃蛍はい可尓思は舞
照映

「おこたりてつくえのちりをはらわずばまどのほたるはいかにおもわん」――こうして、先生から〈才子〉と呼ばれた秀次少年は、神宮皇學館予科に入学し、寄宿舎生活をはじめることになる。秀次、十四歳の秋であった。

4

皇學館大學の前身である神宮皇學館は、明治十五年に創立、同三十六年に官立専門学校となり、大学として認可される昭和十五年まで存続した。ほぼ四十年間である。

祖父秀次が在学したのは、これの前期に当たるが、校史をみると、秀次が「家事都合により」退学した、ちょうどその明治三十二年に「予科」という名前で呼ばれた中学部が廃止になって、予科生はみな、三重県立中学へ転校させている。秀次の退学と関係があるかもしれない。

それとともに、秀次の父道賢が明治三十年に小学校教師を辞しているから、神社の後継者たるべき惣領息子に、遠く伊勢で中学生活を続けさせる経済的なゆとりは、なかったのだろうとも考えられる。それこそ「家事都合」である。

なお、この「家事都合ニヨリ退学」という履歴は、自分でのちに線を引いて抹消して「三十二年一月迄修学ス」としている。したがってその後の秀次の履歴書は、みな、そうなっているか、それとも「卒業」。わたしの父も「神宮皇學館を卒業したにもかかわらず」というふうに書き残している。

が、卒業だろうが中退だろうが、そんなことよりも、その学生がその学校でなにをどう学習したかのほうが、ずっとたいせつだ。

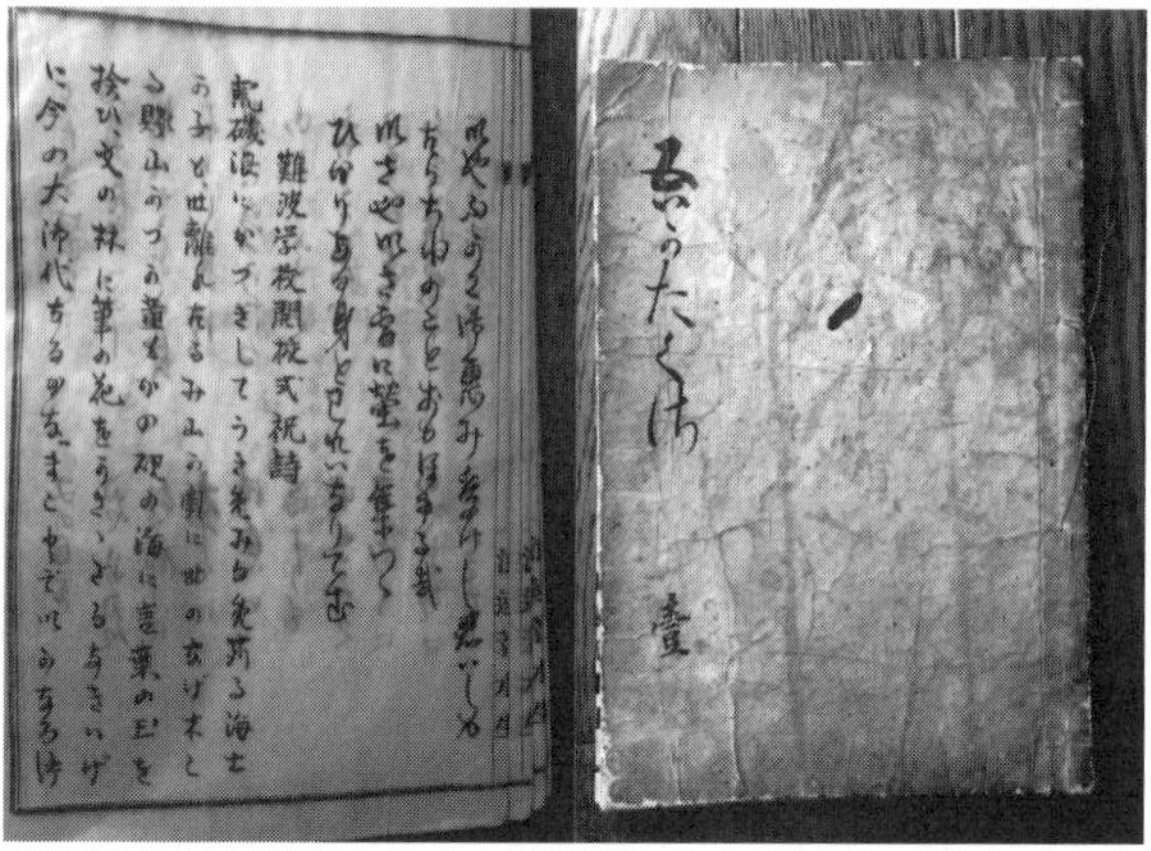

写真４　『吾うたくさ』の表紙（右）と本文（左）
伊勢神宮皇學館寄宿舎にて（明治 30 年頃）

〈才子〉秀次のばあいは、どうであったろうか。

といって、学業成績簿一通、肖像写真一枚、残ってはいない。当然である。

ところが、その当然の壁を突き破るかのようにして、明治三十年前後——秀次伊勢遊学中の文書が、三点、わたしの机の上にいま並んでいるのである。

その第一は、『日本制度通』（全三巻・萩野由之、池辺義象・明治二十二年）の「巻之二」を、全部、毛筆でていねいに筆写した和綴じの「筆記帳」である。「明治二十八年十一月吉辰　波華　上村秀次所持」と表紙に記してある。神宮皇學館入学当年の年記。むかしの若者は、こういう「書き写す」という作業のなかで、物事を学習した。

第二は、『行成マ仮名』（文政四年〈一八二一〉）という、これも三十頁ほどの和綴本。そして、扉に「此のお手本は伊勢神宮皇學館在学中　柏原昌三君より贈らる　上村秀次」とあり、奥附のあとには、小さく「上村順」とある。このサインは秀次、じゅんともにペン書き。これはおそらく、長野高等女学校時代に、何かの大きな書道コンクールで一等賞を取ってりっぱな帯をもらったことがあるほど、書に優れていた新妻に、結婚当初、秀次がプレゼントしたものであろう。行成は、もとより平安時代の貴族で「三蹟」と讃えられた能筆家藤原行成にほかならない。

第三は、秀次自身の歌や詩や論稿を綴った、『吾うたくさ』と題がつけてある和綴じのノート（写真4）。はじめの頁に「伊勢神宮皇學館寄宿舎にて記するなむ　浪速《なにわ》葦水《いすい》生」。〈なにわいすい〉は、このころ秀次がつかったペンネームで、のちには「上村葦水」と号した。

葉りつめし小川の氷と希にけり介ふ春風やふきそ免ぬらし
春雨のふりにし日より己か宿の軒はの柳以ろまさりけり

こうした調子の歌が、二十首あまり書きとめてある。この時代の歌は、すべて「題詠《だいえい》」である。この二首も〈春風解氷〉と〈柳〉という題。その筆の字も作品の出来栄えもあまりたいしたことはないが、秀次は歌が好きだったとみえて、最晩年まで断続して、趣味的に作歌を続けている。

論稿としては「源実朝論」「正成正行論」。後者は、浮ついて詠嘆調の草稿。それに比べ、実朝論はいい。学校から課題としてだされたものかどうか、また何年の稿か分からないが、十ページちょっとのものながら、引き締まった論で、実朝がどうしても「大歌人」たらざるをえなかった由縁を述べて、清新である。歌好みな〈才子〉少年秀次の面目躍如といったところだ。後半をすこし引いておきたい。

実朝ハ文学短歌ニ長ゼシナリ我可国古今歌人多キガ中ニ右大臣〔実朝〕ノ如キハ実ニ屈指ノ大歌人ナリキ例へバ

筥根路《はこねじ》を我か越えくれば伊豆の海沖の小島に波さ寄るみゆ

武夫の矢なみつくらふ小手の上に霰たばしる那須の篠原

秋風に夜のふけ行けば久方の天の川原に月かたふきぬ

ガ如キナリ。奈良朝ヨリ明治今日ニ至ルマデ一千有余年間僅ニ比スベキハ徳川時代ノ賀茂真淵有ルノミ。真淵嘗テ曰ク「鎌倉の大まうち君〔右大臣〕の歌は今の京このかたの一人なり」〔『うひまなび』〕と。是決シテ過称ニアラサル也、若此レガ為メニ政事ヲ怠慢ニ附セシトセバ以チテ耽ケリタリトナスベキカ。然レドモ歴史ハ彼ガ耽溺以テ政務ヲ空シクセシヲ語ラザルナリ、彼ガ一巻ノ歌集〔『金槐集』〕ノ外ニ彼ガ歌ヲ愛シタル程度ヲ察スルニ足ル言行ハ往々東鏡ニモ見エレドモ此レヲ以テ彼ガ数々武人ノ武技ヲ見シガ如キ事ニ比スレバ和歌ハ実ニ云フニ足ラザルナリ。彼ガ政事ニ留心シテ怠ラザリシ事ハ歴史ノ明ニ語ル所ナリ。前将軍頼家ガ政事ヲ放任シテ蹴鞠遊宴以テ世ヲ終リシトハ日ヲ同クシテ論ズ可カラザル所ナリ。嗚呼彼ガ一代ハ悲憂ノ歴史ナリキ。物平ヲ得ザレバ鳴ル渓水ノ鳴モ即岩石此ヲ激スレバナリ。草木ノ鳴モ風雨此ニ当レバナリ。実朝ガ不平ハ蓋和歌ヲ以テ鳴リシナリ。凡人ノ風流輩ノ歌人トハ元ヨリ其ノ撰ヲ異ニス是ニ於テカ、彼ガ北條氏ヲ抑ヘントシタル彼ガ皇威ヲ発揮セントシタル二個ノ政事事業ノ失敗ハ金槐集七百余首ヲ中心トシテ千有余ノ和歌トナリシナリ。……

当時、真淵は大歌人、というのは定説になっていたのであろう。このほか、『吾うたくさ』には「難波学校開校式祝詩」「一年祭文」「友垣の元に」などがふくまれており、秀次在学時の館長であった鹿島則文（神宮宮司）の短冊も残っているが、いちいち挙げない（写真3）。

さて、秀次は先に述べたように、なぜか、学業半ばにして神宮皇學館を中退。帰郷して、やがて小学校の教師となる道へ歩き出す。十代が終ろうとしていた。

なお祖父秀次には、のちの東京遊学中か帰郷まもないころの作詞とおもわれる「摂津国川辺郡唱歌」というものがある。毛筆原稿が遺っており、三十一番まである長いものだが、その唱い出しの部分はこうである――

（一）連山北に横たわる　南は臨む茅渟《ちぬ》の海　吾等の住める川辺郡　面積十有八方里

（二）海辺に近く煙突の　数多立てるは尼崎　空を覆へる煤煙に　町の繁華を知られたる……

《第三章》

小学教員、苦学生、そして歌。

［祖父のこと〈2〉］

1

祖父上村秀次の経歴が、急にはげしく波立ち始めるのは、二十歳を前後するころからである。せっかく入学した神宮皇學館中学部を三年ちょっとで退学した秀次は、尼崎に帰郷、半年ほど経って、小学校の先生たるべく、資格を取る勉強を開始する。前章で掲げた履歴書にあるとおりだ。

その資格取得講習の内容は、修身・教育・国語・算術・地理・歴史・習字・体操という科目であった。「教育」とあるのは、教育学みたいな堅苦しいものではなくて、たぶん、授業の仕方などを習得する実践的な科目であったろうとおもわれる。この三か月の講習を修了して小学校准教員免許を取得した秀次は、この年のうちに、地元の東難波村の小学校へ「雇教員」（代用教員）として通い出す。十八歳であった。

そのあとも、翌年には立花尋常小学校に「准訓導」として転校し、生徒にも慕われ、翌々年の六月には兵庫県において試験検定に合格、尋常小学校本科正教員免許を得る。

この間、教職とは別に――というか並行して、一年余り、川辺郡の隣の武庫郡（いまの西宮市）に鎮座する古社廣田神社の宮司中田正朔《まさもと》（当時六十歳）に就いて、「国学を研究」もしている。この中田正朔は、神宮皇學館の初代館長であったから、そんな縁もあってのことであろうし、秀次にそれだけの向学心があったしるしでもある。

こう見てくると、秀次は、父道賢が踏んだと同じような道へ――すなわち、このまま学校教師をやりながら、やがては先祖代々続く社家の、りっぱな後継者になるだろうと、おそらく本人も周りの人たちも考えたにちがいない。

ところがここに、ひとつの小さな事件が起る。

小さな――そう、事の発端はごく平凡で些細なものであった。しかし、そこで秀次、いや若き上村先生がとった行動は、その後の祖父の生涯の道程を決定づけることになった。

二年近く勤めた立花尋常小学校の教師を、校長とケンカして、とつぜん、辞めてしまったのである。そして、すぐに家郷を離れ、上京した。二十一歳になったばかりであった。

ここのところを、前章で引いたわたしの父の追悼記（昭和三十二年）は、つぎのように書いている。

皇學館卒業後、父は暫く立花小学校の教員をしていた。当時の父の教え子が今では六十過ぎの老人になっている。この人達の言うところに依ると、「そのころの上村先生は、なかなか男前（美男子）で、活発であった」「声のよい先生だった」「体操の時間によく角力をさせてくれた」などといっている。

この学校に奉職すること二年ばかりで、父は校長と喧嘩をして学校をやめてしまった。喧嘩の起りというのは、つまらないことであった。父は、神社の仕事などもあり、ちょいちょい遅刻することがあった。その都度S校長から叱言をいわれ、遅刻届を提出せしめられた。ところが、当のS校長が矢張りちょいちょい遅刻して登校する。（この人は僧侶であった。まさか神職と僧侶だから仲が悪かったわけでもあるまいが）勿論、校長は遅刻届などは書かないし、誰にも知らん顔をして済ましている。父への叱言が強いにつけても、校長自身は遅刻をしても何食わぬ顔をしているのが、父には、しゃくの種だった。あるとき、そのことで正面衝突して、父は校長室の机上にあった硯をS校長に投げつけて、さっさと辞表を書いて退職してしまった。そうしてかねがね行きたいと思っていた東京へ飛出してしまった。

親にしたら、驚天動地であったろうが、本人は、〈青雲の志を抱いて俺は行く〉といった心境でもあったろう。なお、父最晩年の『自伝』（昭和五十一年）からも言葉を引いておこう──「父は校長瀬口浄円氏［もうイニシャルではなくなっている］と激しい喧嘩をして退職した。正義派で世間知らずであった。父がこの学校をさる日には、教え子がみんな泣きながら、いつまでも野みちを歩いて見送ったと、当時の教え子であった老婦人から聞かされた」。この瀬口校長は、学校近くの東富松村の寺の僧侶であった。

2

こうして、二十一歳の秀次は、明治三十五年九月、家からの仕送りもなく、さしたる知り合いもなく、就職のアテもなくて、ただ、出奔の直前に取得した小学校本科正教員の免状ひとつを手にして、体力だけが頼りの上京をした。

上京といっても、明治三十年代である。容易なことではない。わたしが初めてひとりで上京した昭和三十五年前後、東海道本線の急行列車に乗って、大阪―東京が約八時間かかった。それから思っても、明治中期の秀次がいかに長旅に、決意をして出掛けたかが想像できるというものである。夜行で、ごとごとと、一日以上かかったのではないだろうか。また、運賃は五円ぐらいか。それでも秀次は出奔した。

上京後間もないころの歌に、

思ふ事成さでやあだにやみぬべき土の跡ありふまれし顔に
繰り返し又くりかへし古里のたよりを読むよ秋に病む子は
上村葦水

頑健な身に任せて、新聞配達をして生活費を稼ごうと働いたが、食べるものもろくに食べずにいたのであろう、やがてひどい栄養失調に陥り、脚気にかかってしまった。〈秋に病む子〉は、そのときの歌にちがいない。また、街の不良と喧嘩もした。しかし、顔をゲタで踏みつけられ、悔しい思いをした。危険がいっぱいの遊学であったといってよい。

これらの歌は、兵庫県川辺郡伊丹町・大阪府豊能郡池田町を拠点とする関西青年会が発行していた、

写真１　上京当時の上村秀次
22 歳（明治 36 年）

かなり規模の大きい文芸同人誌『こぼれ梅』（第六号・明治三十五年十月）に載っている。そして次号には、新入会員名簿のなかに、「東京都本郷区元町二丁目六六　上村秀次君」とある。この住所は「小柳館」のあるところで、おそらく学生相手の宿だったのであろう。上京早々に、そこへ住居を定めていることになる。

どんなツテがあってのことであろうか。いちばん想像しやすいのは、全国から学生が集まっていた神宮皇學館の知友先輩あたりを頼ったということだ。ともあれ、住むところ、寝るところは決めた。さて、これから働かねばならない。そして学ばねばならない。

若き秀次にとって、〈青雲の志〉は、文学にあった。殊に短歌を好み、萩之家落合直文の門下生になったこともあるという。落合直文は、東京の皇典講究所（のちの國學院大學）の教壇に長く立った明治中期の歌人・国文学者で、歌は古風であるが、楠木正成正行父子のかなしい別れを詩にした「桜井の訣別」——別名「青葉繁れる桜井の」「楠公の歌」——によって、最も有名。

余談になるが、

　　青葉繁れる桜井の　里のわたりの夕まぐれ

木の下かげに駒とめて　世の行末をつくづくと
しのぶ鎧の袖の上に　ちるは涙かはた露か

と始まるその歌を、針仕事をしながら、または台所の流しの前に立って、最晩年の祖母じゅん——夫・秀次をなくした後のころの——が、時おり、小声でひとり口ずさんでいた。

「おばあちゃん、そのうた、好きなん？」

と、当時十五、六のわたしは尋ねたものである。すると、ふふと含み笑いを洩らして、

「そうねえ。小学校で習ったし、先生になってからは子供に教えたわね。詩がいいのね。かなしい歌だけど……ずいぶん古い歌で、武男ちゃんなんか、知らないわよね」と、呟いた。

東京育ちのじゅんは、関西弁をほとんど使わなかった。その祖母の声の調子なんぞを、わたしはいまだに忘れない。孫からそんなことを聞かれてうれしいような、もう取り返すことができない昔日をさみしむような……。それから間もなく、わたしが十七のとき、祖母はみずからいのちを絶った。

3

二十一歳で上京後の、〈苦学生〉秀次の履歴は、まるで踊るかのようだ。わたしが調べた限りの事柄を、年譜にしてみよう。

明治三十五年（一九〇二）　二十一歳

上京すぐの九月、国民英学舎（東京市神田区）に入学。いわゆる「洋学校」で、ここには翌年二月まで在学している。

十一月二十六日、東京府において、改めて尋常小学校本科正教員の免許を取得。秀次はこの同じ教員資格をつい五か月前に兵庫県で得ているが、都道府県が変わると失効になったのである。それで再度、取り直した。

明治三十六年（一九〇三）　二十二歳

二月、東京帝国教育会中等教員養成所（神田雉子橋外二一番地）に入学する。国民英学舎に二月まで通っているから、英学舎では、中等教員になるために語学だけを、予備校的に学んだのかもしれない。

三月、私立の〈お嬢さん学校〉であった日本女学校と、東京市立開発小学校と、同女子技芸学校（ともに本所区）とに教師として働き始める。本所区は現在の墨田区である。日本

写真２　私立日本女学校の教え子たちに囲まれる上村秀次（明治 30 年代後半）

女学校は本郷にあったらしい。つまり、隅田川を渡って東西に行ったり来たりした。この隅田川往来の教師生活は、秀次が東京を去って帰郷する明治三九年二月まで続いたようだ。

明治三十七年（一九〇四）二十三歳
四月、哲学館大学（東京市小石川・現在の東洋大学）に入学。
九月下旬から十月中旬にかけて、東京市本所区教育会主催の黒板画法講習（十回）を受ける。

明治三十八年（一九〇五）二十四歳
二月、本所区教育会主催の国定修身書・国語読本使用についての講習を受ける。また、同会の国語科綴方教授法（講師・豊田八千代）の講習も、十二月に受けている。これらの講習は、前年あたりから普及し出した「国定教科書」に対応した教師向けのものである。

明治三十九年（一九〇六）二十五歳
二月、哲学館大学中退。教師の職も辞して、まもなく、帰郷。

これが、東京遊学中の秀次の、自筆履歴書（大正六年）と遺された証書類とによって分かる、ざっとした経歴であるが、それにしても、ふしぎなところが幾つかある。

ひとつは、学校勤めをしながら、どうして同時に「哲学館大学」で学ぶことが出来たのか。後身の東洋大学には、日本初の夜間部が設置されているから、ひょっとして、秀次は当時も、昼間働いて、夜、大学に通ったのかもしれない。そういうことが出来たと想定するほかに、辻褄があう道がない。それとも当時の小学校などは授業が午前中だけだったか。

もうひとつは、なぜ、この大学を選んだか、である。

哲学館大学は、もとは単に哲学館といって、越後長岡の寺に生まれた哲学者井上円了が創始した、〈哲学をもとにして教育者を育てる〉との理念で、向学心さえあれば貧富・身分を問わず、広く門戸を開くという学舎として出発した。それが「大学」になるのは、秀次が入学する前年あたりのことであったのだが、その当時の学長は井上円了（明治三十七年四月から三十九年一月）で、調べてみると講師のなかには、あの秀次の父が私淑したという柔道家嘉納治五郎がおり、屈指の優れた仏教哲学徒清澤満之《きよざわまんし》までいる。

しかし、秀次が本腰入れて〈仏教哲学〉を学ぼうとしたとは、ちょっと考えにくく、それならばどうも「嘉納先生」つながりでこの大学に入ったのではないだろうか。が、その大学も、井上学長が変わるのと、奇しくも節をあわせるようにして中退してしまっている。

さらに、上京までして大学で学ぶのならば、皇典講究所から発展した國學院大學が、渋谷にあったから、社家の子弟たる秀次青年は、この〈神道系〉の学舎の方をこそ選ぶべきではなかったのか。ここでは秀次の初志であった詩歌・文学はもとより、日本古典も学べ、神職資格も取得できたはずである。その方向を目指さなかったのは、なぜであろう。

神宮皇學館でいったん学んだ身には、國學院は行きにくかったか。それとも、そもそも、神主になどなる気は持っていなかったか。

それに、なぜ本所区の開発小学校や女子技芸学校（これは小学校に併設されていたのかもしれない）に勤めることになったのか――こういうことも、秀次本人はなにも語り伝えていない。ただ、わたしが大発見をしたことが、ひとつ、ある。それは、秀次先生が開発小学校に勤務を始めた明治三十六年の前年から、のちに妻となる雨宮じゅんが、すでにこの小学校で「助手」（代用教員）として働いていたという事実である。つまり、ふたりはこの学校で同僚となり、やがて、いかなるなり染めといきさつがあってか、明治四十一年二月に、二十六歳と二十歳で結婚することになるのであった。

4

秀次は、東京遊学中、新聞配達だけでなく、廣池千九郎（のちのモナロジーという道徳科学の創始者）の家の書生になったこともあり、読みにくい原稿の清書をさせられて苦労したという。また、神宮皇學館の先輩に当たる池田敬八（のちに日本煙草専売局長になった）には、とても可愛がってもらった。この人には、上村秀次と雨宮じゅんが結婚するときに、仲人になってもらっている。それから、当時は明治大学生で上京しており、のちに尼崎市長になる、同じ東難波出身で同姓の上村盛治とも、なんらかの交流があったようだ。ふたりだけで撮った在京中の写真が一枚、残っている（写真3）。

ところで、すでに述べたように、秀次青年の志は文学にあった。その文学のほうは、どうなっていたのであろうか。

いま残っているのは、詩歌の作品――それもさきに挙げた同人雑誌『こぼれ梅』に載った八十ほどの短歌・旋頭歌・詩篇のみで、散文作品はひとつもない。これは、いささかさみしい遊学成果といわねばならない。もちろん、散文も書いたにちがいないが、いまに残っていないのは残念だ。それを思えば、さきに引用した、百年前の、さらに若い日の神宮皇學館時代（明治三十年前後）の『吾うたくさ』なるノートがいま読めるなどということは、大袈裟ではなく珍事か奇蹟のようである。

在京中の「初日影」と題がついた詩篇を、つぎに掲げたい。

写真３　のちの尼崎市長上村盛治［左］（当時、明治大学生）と祖父秀次［右］（東京にて、明治 37 年）

初日子の影は昇りぬ
　新玉の年は来りぬ
　　丈夫葦水地に墜ちて
　　　聖代の恩に浴する廿有二年
　　　　熟思《つらつら》ひ廻らせば
生まれし才の拙くて
　事は心とたがひつゝ
　　彷徨《さまよふ》昨日は西にして

今日は東にうらぶれぬ
任他《さもあらばあれ》男子の一念

争《いかで》かやまん此儘に
目ざす理想の行手には
偽善はいとゞ蔓延《はびこ》れど
名教枯れて跡もなし
嗚呼我れ嘆かんか笑はんか

蕾《つぼみ》を破る東籬の梅
春情転《うたた》こゝにうごく
いざ屠蘇傾けて此年も
塵の都に狂ひ狂はん

5

ずいぶん古めかしいな、と思われるが、この詩が歌われた明治三十五、六年という時代は、日清・日露両戦争の〈戦間期〉であり、詩歌のことでいえば正岡子規らが雑誌『ほと〻ぎす』を創刊し、島崎藤村が処女詩集『若菜集』を出すのが、ほんの五年ほど前の出来事。かの歌誌『明星』において鳳《ほう》（与謝野）晶子や山川登美子や増田（茅野）雅子らが並び立って競詠していたのは、ほぼ同年代のことである。なにもかもが、一気に黎明を迎えていた。

『明星』誌上には、秀次のような詩を、与謝野鉄幹や薄田泣菫が発表している。秀次はとくに鉄幹が好きだった様子で——なぜか、『明星』第六号から十二号（明治三十三年九月—三十四年三月）あたりの原本が、父の遺品のなかにある。そこには、秀次の手と思える赤鉛筆の傍点が残っているのだが、それはたとえば、鉄幹のこういう詩句。

あゝ措大われ
　痩せて髪長き
五百里の霜
　きのふ西けふ東
花とび蝶ゆくも
　意気は世の香ぞ

うらぶれて笑むは
人かわゆし
乱れし髪をあぐるに
手の痩を思はんや

（「秋思」――『明星』第八号・明治三十三年十一月）

どこか、似ていはしないか、秀次の歌と。
こうみれば、わが秀次もまた、多くの明治の文学青年と同じく、二十世紀初頭という時代のなかで、精一杯の自己表現を試みようとしたのだといってよい。他方、短歌には、こんな作がある。

秋寒を十三等の米の粥すゝりかねたる民二万あり　上村葦水
あな哀れ病める翁のあさり売る声身にしみて秋暮れんとす
痩馬に重荷ひかせて追ひあぐる壱岐殿坂の夕暮の秋
欄《おばしま》によりて月見る今宵我れ心乱れてあな苦ほしき
たちのぼる月まつ庭の夕露ににほふ真垣の白菊のはな

（明治三十五年十一月）

六甲は白き被布《はだえ》にはえありと友の文みて耐えぬ思ひよ

鶯のさゝなく声を籠にきくも恋の閟へと十六乙女
君居ますやどのあたりをながむれば塒《ねぐら》に急ぐ烏四つ三つ
然《さ》無きだに辿りかねたる闇の世に繋りしけるようばらからたち
（明治三十六年四月）

この明治三十六年は、雨宮じゅんと秀次が、最初に出会った年のはずであることは、すでに述べた。しかしながら、それから五年後に結婚するまでの経緯が、ほとんど何も分からない。秀次がじゅんに惚れたか、じゅんが秀次に惚れたか——いずれにしても、恋愛結婚であったことは確かだろうと思われる。

が、その二人をやがて襲うことになるのは、人生コースの思いもよらぬ激変と、血を吐くような生活苦とであった。父が岡倉天心の『茶の本』から、

「人間享楽の茶碗は如何にも狭いものではないか、如何にも早く涙で溢れるではないか」

という言葉を引いて述べているとおり、悲哀に溢れたものになっていく。

いったい、秀次の青雲の志を抱いての東京遊学とは、なんだったのだろうか。

十で神童、十五で才子といわれた、この有為な、期待を背に負った少年は、その後、いかなる青年に成長すればよかったのであろうか。それは誰にも答えられまい。しかし、古い社家の後を継ぐべき惣領息子が、神職の資格も取らずに、文学などという一銭にもならない夢幻を追って、その道がどこまで続くというのか。

親や友人に言われるまでもなく、秀次自身、ひどく悩んだのではないだろうか。

写真４　秀次の短歌が載る『こぼれ梅　第11号』表紙、「葦水」の印が左下に押してある（明治36年4月・関西青年会）

《第四章》

恋愛結婚、事業挫折、浪人暮らし。　［祖父のこと〈3〉］

1

何かの必要があって書いたのであろう、大正六年四月の日付がある祖父上村秀次の自筆履歴書によれば、「業務」のところに、つぎのように記している（写真1）。

一、明治卅弐年四月ヨリ卅五年六月マデ兵庫県ニ於テ小学校教員ヲ奉職ス
一、同卅六年三月ヨリ卅九年二月マデ東京市ニ於テ日本女学校、女子技芸学校、開発学校ニ奉職ス
一、同四十参年八月マデ五ヶ年間大坂市多田洋反物商店ニ在勤ス
一、同四十参年八月洋反物商合資会社上村商店ヲ創業シ大正一年十月家事都合ニ依リ解散ス

大正六年四月といえば、秀次三十五歳の終りころである。また何らかの職に就くために、この履歴書は書かれたのにちがいない。が、それはともあれ、突然のように見える帰郷のあと、半年経ったとき、二十五歳の秀次は、これまでの経歴からすれば突拍子もいいところ、大阪・船場の呉服商店に勤め出す

のである。〈番頭はん〉と〈丁稚どん〉との中間に位置する「手代」という身分で働いたという。洋反物は、モスリンなどいわゆる船来の織布のことだが、二十代後半の五年間という人生で最も大事の時を、もともと身丈に合わないはずの「商人」の世界へなど、なぜ飛び込んでいったのであろうか。

人生の大事の時といえば、秀次は、ちょうどこの〈商人修行〉の真っ只中で、雨宮じゅんと好きあって結婚し、新所帯を大阪市北区伊勢町で始めてもいるのである（写真2）。親元の、生家の神社には、いっときは住んでいた形跡が無いではないけれども、秀次の気持は神社には向いていなかった様子がみえる。なぜであろうか。

父は、そのころのことを、こう述べている——

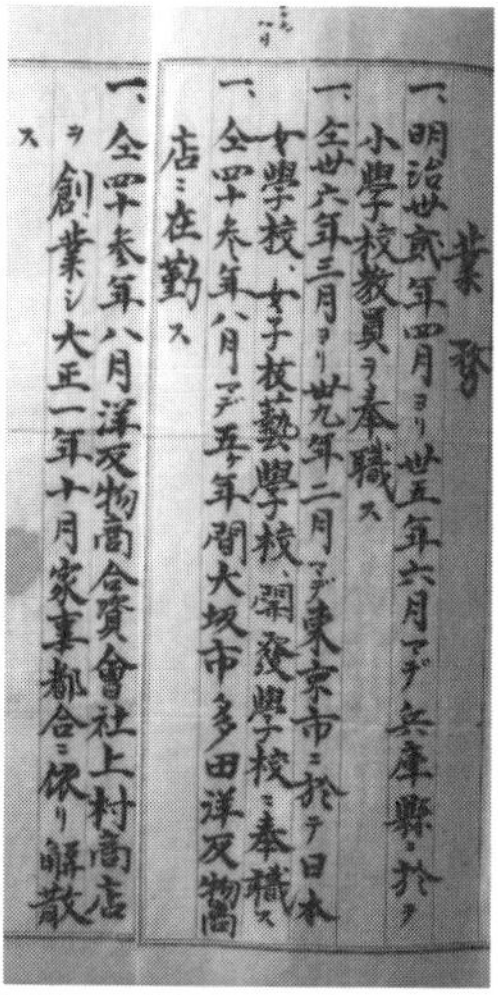
業歴
一、明治廿貳年四月ヨリ廿五年六月マデ兵庫縣ニ於テ小學校教員ヲ奉職ス
一、仝廿六年三月ヨリ廿九年二月マデ東京市ニ於テ日本女學校、女子技藝學校、開發學校ニ奉職ス
一、仝四十參年八月マデ五ヶ年間大坂市多田洋反物商店ニ在勤ス
一、仝四十參年八月洋反物商合資會社上村商店ヲ創業シ大正一年十月家事都合ニ依リ解散ス

写真１　自筆履歴書（大正６年）

写真２　上村秀次と雨宮じゅんの結婚式（明治 41 年）

私の両親は恋愛結婚であったと思うが、祖父や祖母たちは果たして心から祝福したであろうか。どうもそうではないように思われるふしがある。……父は皇學館を卒業しておりながら、神職になる気持はなかった。貧乏神主は祖父一人で充分であって、百姓をしながら食うだけが精一ぱいであった。父の志は文学にあったが、当時は文学者といえば、貧乏と肺病とに苦しんで陋巷《ろうこう》に窮死するものと思われていた。

「俺は文学で身を立てようとしているが、十二人兄弟の長兄として弟妹たちの面倒を見なければならず、又、漸く老い行く親のことも考えると、文学では到底やって行けそうもない。どうしても実業界に入らねば駄目だ。」と、父は思った。神職にも、教師にも、文学者にもならず、結婚早々の父が始めたのは、なんとモスリン問屋であった。伊勢町の店がそれである。（『自伝』・昭和五十一年）

父は若いころ、秀次のこの「百八十度の転換」を知って、なんという俗物だろうと思った。が、封建的な家庭制度のなかで、十二人兄弟の長子という立場がいかに重荷であるかには、思い及ばなかった——ともいう。

秀次がこの時点で実業界へと、身を翻した動機については、わたしは分からないではない。

明治の日本文学の歴史は、最も先端に立った詩人・思想家・小説家であった二人の人物——北村透谷と樋口一葉とによって、純粋に幕を開けたといってよい。しかも、このきわめてすぐれた文学者は、明治二十年代後半に、ともに二十五歳の若さで縊《い》死、もしくは貧窮の只中で病没するのである。だから、秀次の「転身」が分からないのではない。それに秀次に、徹底して戦うほどの文学者としての質のゆたかさが備わっていたとはいえまい。

しかし、なぜ、父親の道賢たちが秀次とじゅんの結婚を、あまり快く思えなかったのか。また、新婚のじゅん自身は、夫となったばかりのひとの、この思い切った転身をどう受け止めたのか。わたしには、それを推測するための材料がない。

ただ、明治四十一年（一九〇八）の冬二月に結婚した新婦じゅんは、その年の春四月には、新居の近くの大阪市東区北大江尋常小学校に代用教員として勤め出し、夏七月には同校訓導となっている。共稼ぎである。

2

話は前後するが、若い秀次が、じゅんに送った手紙が一通だけ残っている。

昨今の炎威は殆んど世の総べてを枯死せし免んとするかの如くきびしく御在候
犀川《さいがわ》の流れ滔々たるところ　四方の山々に霧棚引くところ　稲葉を渡る涼風の吹くところ　群蛙の鳴く処　蝉の鳴く処　是れ皆生の眼前に一幅の大パノラマとなりて昼となく夜となく現はれ来り申候

噫なつかしき信州の風土よ！
噫清々しき信州の景色よ！
御身よ御身に望む　世の俗物に耳をかさず超然として自然の現象と親しみ高潔なる品性を養成なさるべく候　小さき浮世の出来事に心を痛免給ふな
其後の様子きか満保し
八月十日　秀
順子殿

ふたりの恋愛時代のものであろう。そしておそらく、彼女の故郷である長野県上水内《かみみのち》郡安茂里《あもり》村を、初めて訪れた後の詩的ラブレターであろう。結婚を申し込みに行ったのかもしれない。しかし「小さき浮世の出来事」が何を指すのか、分からない。ことによると、何やかやと結婚を反対されていたのかもしれないとも想像できる。だいたい、この時代に恋愛結婚ということ自体が、きわめて珍しいことであって、しかも、社家の長子でありながら、何やら呉服屋で働いているらしい、遠く摂津の国の男のところへ行くとなれば、心配しないほうが不自然だ。

ちなみに記せば、じゅんは最晩年に、粗末なノートの片隅に「私の女学生時代は良妻賢母主義であった」と書き付け、「毎年お書初めをしたが、高等小学校四年卒業の際のもの」という、書初めの詩を記録している――

月の桂も手折るべし
言葉の花もかざすべし
月の桂は手折るとも
言葉の花はかざすとも
時雨にそまず降りつもる
雪にたわまぬ常盤木の
松の操を守らずば
世に立つ甲斐やなからまし

しかしまた、明治二十年（一八八七）生まれの雨宮じゅんと同世代の著名な女性を挙げてみると、劇作家島村抱月と後追い心中をする女優松井須磨子がいる。この女優はじゅんと同じ信濃生まれである。詩人・彫刻家高村光太郎の悲劇的な妻となる長沼智恵子がいる。雑誌『青鞜』の創刊に携わった評論家平塚らいてうがいる。作家では田村俊子、野上弥生子、岡本かの子。彼女たちは、明治末から大正期にかけて、いわゆる〈新しい女〉の生き方をしたのであった。じゅんら夫妻は、どうであったろうか。

それはさて、事実としては、じゅんが長野高等女学校本科を卒業する直前の明治三十九年（一九〇六）三月に、じゅんの母・勢以が五十七歳で病死してしまった。男児ばかり五人生まれた後の末っ子だった娘の手を取って、「おまえが、かわいそうだ」と言って、事切れたという。じゅんはその後、ふたたび東京へ出て、再度、校長の家に寄宿しながら母校の開発小学校の教師となって働き出している。結婚は、それからおよそ二年後である。

3

一方、大阪の秀次は、洋反物商店に住み込んで、前垂れ掛けて、そろばんを弾いて、「まいど。いらっしゃい」などと声を出し、帳簿の付け方や物流のあり方や客筋との接待など、〈商い〉のべんきょうをしていたはずだ。それを五年続けたあと、暖簾分けというのであろうか、自分で独立して大阪市東区でモスリン問屋「洋反物商合資会社上村商店」を始める。明治四十三年（一九一〇）の八月である。秀次、二十九歳。妻じゅんは、翌九月に北大江尋常小学校を退職して、店を手伝い始める。小学校の先生から、一転、「御寮はん」——中流の商店の若妻の座に坐ることとなったのであるから、人生転変の機はどこに潜伏しているか、知れたものではない。

ところで、その「上村商店」は〈合資会社〉という。何人かが資金を出し合って、創業したのであろう。しかし、その出資者がどういう人らで、どのくらいの創業資金で、店舗の構えはどんな様子だったかなど、何ひとつ分からない。ただ、事業はほんのわずかな期間の隆盛のあとで、たちまち行き詰まったことだけが分かっている。

父の『自伝』の記述で、この間の事情を伺ってみよう。

「士族の商法」ということばがあるが、父の事業は見事に失敗した。全盛期は二年とは続かなかったようだ。売った品物は支払って貰えず、貸した金は返って来ず、不渡手形をつかまされる。おまけに知人の借財の請け判をしたのが祟って、資金のやり繰りがつかなくなって、ついに倒産した。いよいよ倒産は必至となったとき、父は俄かに遊蕩を始めた。それまでは仕事の上で、やむなくおつき合いで遊んだお茶屋通いを、自分一人でやり出した。「どうせなくなる財産だ、思い切り遊んでやれ」と思ったと、当時を述懐して父が語ったことがあるが、父が茶屋酒に浸ったのは、ただそれだけの理由ではなかったのではないか。事業の失敗に依る破産のつらさも、なるほど身にしみたであろうが、それに劣らぬ苦しいことがあったのであろう。

「人間享楽の茶碗は如何にも狭いものではないか、如何にも早く涙で溢れるではないか。」とは、「茶の本」に出てくる岡倉天心の言葉であるが、両親の、恋のうま酒を飲み干したその盃に、忽ち涙の溢れるときが来たのである。倒産寸前の時期に私は生まれた。

五年間も〈商人修行〉をしたといっても、秀次は、要するに素人の若僧に過ぎなかった。男前だし、話し上手だし、気前もよく、頭もいいのだから、一見、商売人に向いていそうではあるけれども、お人好しで、仲間に騙され、揚句の果てに酒と女である。〈御寮はん〉のほうも、その格好がぴったりだったとは、ちょっと、想像しがたいのである。

ふたりは、結婚当初から、互に身丈に沿わない着物を着てしまった、とはいえないだろうか。事業の失敗は、倒産という痛い代償を残した。が、事はそれだけでは終らなかった。じゅんという恋女房がありながら、秀次が他に子をもうけた。父の『自伝』は、この引用箇所にすぐ続けて、やや唐突に、こう書いている――《明治四十五年二月六日が私の「誕生日」であるが、実際は、明治四十四年十二月六日にうまれた。ある事情で、二か月遅れて出生届が出されたのである》と。この「ある事情」は、秀次が新婚にもかかわらず、他の女性に子を産ませてしまったことを指す。しかも、秀次にとって都合の悪いことには、恋女房のほうも、やがて妊娠したことである。このふたりの生まれてくる子を、ともに秀次・じゅんの産んだ子とするためには、いささか〈計算〉が合わなかった。それで、なぜか正妻の子の誕生日のほうを、計算が合うように小細工をした。それは、秀次の意思であったろうか。じゅんの希望でなかったことだけは、確かだ。

しかし、そんな小細工をしたところで、世間の環視の目はごまかせるものではなかった。ここから、秀次の家族の混乱と苦難と忍耐と悲哀と流転に充ち充ちた、長い長い道程が、始まるのである。

いま、わたしは、その「上村商店」か、もしくは修行時代に使っていたものと見られる、〈上村用〉と秀次の字で裏に書いてある、忘れ形見のような百年まえの立派な五つ玉の算盤を一台、持っている。いまでも充分に使える。手に持って振ると、
シャカ、シャカ、シャカ

と、高く澄んだ、さみしい音がする――。

4

明治天皇が崩御し、時代は大正へと廻る。しかし、秀次は三十一歳、彼の青春はすでに終りを迎えていた。大阪で事業に失敗した秀次は、尼崎の実家の神社へ、妻と幼児の秀男をつれて、すごすご舞い戻った。そして、妻じゅんは、ここでもまた大正二年（一九一三）三月から、地元の尼崎第三尋常小学校（のちの尼崎市立開明小学校）で教師として働き出す。しかも、じゅんはこの小学校で定年（五十歳）までの二十三年間を、三人の子を育てながら、「筒袖の地味な着物に紺の袴をはいて」（父『自伝』）働き続けることになるのである。夫の秀次が、定職に就かずに、いわゆる「せんみつ」――不動産ブローカーのようなことをして、好き勝手をしていたからだ。

ところで、この無残な帰郷と妻じゅんの就職とのあいだに、ひとつの事件が起きるのであるが、いまここでは触れない。

それより何より、秀次は、これからどうする気でいたのだろうか。

父は人生の起ち上がりに、痛烈な打撃を受けた。事業の失敗はよほどこたえたに違いない。女性問題でも、ひどく苦しんだようである。年齢漸く三十歳を越えたばかりで、父の心はすでに、「帰去来辞」を書いた陶淵明《とうえんめい》のような世界をめざしていたのではなかろうか。……ともかく、男盛り、働き盛りの三十年間を父は浪人暮らしで押し通したのである。……あり余る才能を持ち、健康に恵まれていながら、あまりにも早く「勤め人」の生活の味気なさや、商売人の醜い裏面を見てしまった父は、自ら好んで一介の自由人の道を選んだ。……陶淵明のように「性、もと丘山を愛す」る父は、趣味の世界に沈潜して行った。

とは、わたしの父が死ぬ一年前に出した私家版『自伝』のなかの「自由人の境地」と題された章のなかの言葉であるが、いささかきれいに語られ過ぎている。

帰んなんいざ
田園まさに蕪《あ》れんとするになんぞ帰らざる

この有名な詩句で始まる長詩「帰去来辞」を詠み、役人生活十数年を投げ打って田舎へ帰郷、隠棲したのは、五世紀前半に死んだ古代中国の詩人陶淵明、四十一歳のときのことであったという。秀次が事業に失敗し、尻尾を巻いて帰郷したのは、それより十歳若い三十一歳だ。別に殊更に年齢を比較するのではないが、わたしが無茶苦茶な東京での学生生活に最終的に終止符をみずから打って、〈鳥、飛ぶことに倦《う》んで巣に帰る〉なる一句を宣伝文に掲げた本『帰巣者の悲しみ』（一九六九）を出したのは、二十六歳の終りであった。ただただ、心身のふかい休息が欲しかったのである。青春への訣別の書であった。ただ、この倦鳥の一句が、ほかならぬ「帰去来辞」のなかにあることは、当時、知らなかった。
ともあれ、父は秀次の青春の挫折から後の生活と精神のあり方を〈自由人の境地〉として、うつくしく、昇華して伝えている。しかし、わたしはむしろ、ふたたび岡倉天心の『茶の本』（明治三十六年）にある、つぎの一節のほうが、秀次の実際に近いように思えてならない——

悲しいかな、我々は花を不断の友としながらも、未だ禽獣の域を脱することあまり遠くないといふ事実を掩《おお》ふことは出来ぬ。羊の皮をむいて見れば、心の奥の狼はすぐにその歯をあらはすであらう。世間で、人間は十で禽獣、二十で発狂、三十で失敗、四十で山師、五十で罪人といってゐる。

もちろん、秀次が警察の厄介になったわけではない。が、十で性の目覚めを覚え、二十で狂わんばかりなあらゆる歓喜と悲哀とを味わい、三十の声を後ろに聞くようになると、何かがはっきりと敗北する気配を感じ始めて、四十ともなれば中年の汚濁が身にまといつき、五十ではもうすっかり、人生のツミビトだ。人生という牢獄の囚われびとだ。

写真３　雪の宝塚・中洲にて南喜三郎氏（右）と祖父秀次（昭和７年８月）

秀次は、五十代の終るまで、いろんな事業に手を出しては失敗を繰り返していた。事業仲間というか、仕事を共にした相手には、大阪・池田の南喜三郎（のちの宝塚ホテル社長　写真3）、西宮・甲陽園の毛呂俊夫（写真4）、大阪・堺の西田松三郎、神戸・花隈の大路某などという人がいた。南、毛呂両氏は関西で歴とした実業家であるが、西田、大路などという人たちは、質屋とか貸し金業とか侠客であったという。その三十年間は、妻じゅんとの間に産まれた三人の子らが成人していく時期でもあった（もうひとり男児があったが、幼くして没した）。その間に、妻を何度か自殺に追い込んでいる。住む家も、転々している。

貧乏である。中学生になった長男（わたしの父）の学資も払えず、長男は遠足にも行けない貧乏であり続けた。

それが、秀次の「自由人の、浪人暮らし」というものの実態であったといってよい。

写真４　祖父秀次・毛呂俊夫氏と令嬢（右から）、昭和４年春、毛呂家庭園にて

《第五章》

転居、神職、そして終焉。

［祖父のこと〈4〉］

1

誰の生涯にもありうることではあろうが、わたしの祖父秀次は、後半生だけで大きな転居を、四回している。

すべて尼崎市内だが、一度目は、生家の神社を出て、路地裏の長屋を転々したのちに、宮町（現在の阪神尼崎駅の南あたり・もとの開明小学校のすぐ近く）にあった古くて広い武家屋敷に住んだ。大正六年（一九一七）ころのことである。妻じゅん、息子秀男、まだごく幼い娘信子がいっしょであった（秀次がそとに産ませた子は、なんのゆえあってか、実家で神職を務める道賢夫妻がひきとった）。

しかし、この邸は〈幽霊屋敷〉で、江戸時代のなかごろに仇討で無残に相手をなぶり殺しにした側の武士の一人が、かつて住んでいて、殺された側の武士が怨霊となって夜な夜な現われる——という、気味の悪い、陰気な家であった。ところが、屋敷百五十坪に前も後ろも五十坪以上の庭がついていた。山川草木を愛する秀次は、この庭の見事さに惚れ込んで、周囲の反対を押し切って借りた。

じっさい、怨霊は出た。

秀次はいつもふとんの下に日本刀を敷いて寝たが、それをしない夜には、きまって白装束の若い男が血まみれになって凄い形相で夢に現われ、秀次はそのたびにうなされたという。妻のほうは、そんな夢は見なかったけれども、ふとんの上から何者かが押しかぶさる気がして、苦しんだ。泥棒にも二度入られた。息子秀男の宿痾《しゅくあ》となる喘息の発作がはじめて出たのも、この屋敷であった。

二度目は大正十年七月一日、尼崎で初の市営住宅（当時は公営住宅と呼んだ）が、生家に近い東難波の田んぼの中に建てられ、入居者を募集しているのを知って希望を出し、〈幽霊屋敷〉からそこへ移った。ここには長くいた。わたしの父の回想の言葉を聴いてみる――

幽霊屋敷とは違って、からりと明るい田んぼの真ん中の埋立地に建てられた二階建ての長屋の東端の家であった。階下は玄関の間（三畳）と四畳半・六畳の三部屋、二階は四畳半と六畳二部屋の粗末な家であったが、新築のこととて木の香りや青畳のすがすがしさが私の心をとらえた。引越した夜は、田植えの済んだばかりの田の面いちめんに遠くの町の灯がうつっていた。湧くような蛙の声、二階の窓から吹きこむ涼風、満天の星――。これまでの町の中の生活では味わえない喜びであった。……

秋ともなれば、いなご取り、とんぼ取り、もろこ釣りなど、さかんにした。鶏はいつも二三十羽飼っていたので、いなごはその餌にした。兎も犬も小鳥も鳩も飼った。盆栽の数はふえる一方であった。幸い横と裏にかなりの空地があったので、父の趣味を活かすことができた。

この家で私は十歳から二十五歳まで過した。父は四十歳から五十五歳までの、男ざかりの期間をここで過したのである。(『自伝』)

秀次は、鬱蒼と大木が繁る村やしろの鎮守の杜にかこまれ、池がある境内と、馬が同居する家(社務所)と、その周りにひろがる田園風景との中で幼少期を過した。この原風景というか、原体験が、たぶん、生涯にわたって忘れられず、それが彼をして山川草木をこよなく愛し、自然を相手とした多様な趣味を身に着けさせたのであろう。それは、秀次の大きな〈徳〉であったといってよい。(写真1)

写真1　上村秀次　明治神宮外苑にて　57歳(昭和13年4月)

柳田國男の『野草雑記・野鳥雑記』が、昭和三十七年(一九六二)に角川文庫で出たとき、「父にこれを見せたら、どんなにか喜んだことだろう」と、秀男は述懐している。秀次は昭和三十一年に亡くなっていた。

2

いま引用した父の『自伝』で、秀次が市営住宅に五十五歳まで住んだとあるのは間違いで、じっさいは五十九歳までの、ほぼ二十年をこの借家で暮らしている。そして、その二十年は、秀次とじゅんとが、秀男・信子・秀文という三人の子供を成人させる時代であって、どこの家庭でもそうであるように親としては、最も教育費その他の経済的経費がかかる時期でもある。子らはまだ幼く、子育ての歓びや充実も感じつつ、やがていつの間にか、子らは自立の道に踏み出すという道程だ。

そうしたとき、男盛りで浪人暮らしを決め込んだ秀次は、何をしていたか。

父はこの［市営住宅時代の］十五年間に、いろいろな事業をやっていたらしい。窮屈な月給取りはいやだ、人にペコペコ頭を下げる商売はいやだというわけで、定収入は無く、事業などというものは、栄枯盛衰が激しくて、少し景気がいいと、ジャンジャン金を使ってしまうし、景気がわるいと全くの貧乏ぐらしであった。母は随分苦労したものであった。月末になると借金のことわりは全部母の役目であった。（「父の思い出」）

そのとおりであったろうと思われる。秀次は貯金ぎらい、保険ぎらいで、死んだときには借金もないかわりに、遺産もまたゼロであったという。

しかし、悪いことばかりではなかった。大正十二年（一九二三）の八月に、妻と子供三人とともに信州、東京へ大家族旅行をしている。その翌月一日、関東大震災が起るのであった。家族揃っての旅行は、これが最初で最後であった。

また、息子の秀男は翌十三年春、私立甲陽中学と県立伊丹中学とに受験して両方とも合格する。どちらも当時の難関校であるが、かなしいかな、甲陽の方の高額な入学金を払うことが出来ず、入学を断念。背水の陣で臨んだその後の伊丹中学は、入試の直前に風邪を引いてふらふらしながら受験したので、まったく自信がなかったにもかかわらず、トップクラスで合格した。当時は成績順に合格者が掲示発表されたので、それが分かったのである。その発表の日は父秀次がついて行ったが、

帰途、国鉄伊丹駅で待合せる時間がかなりあったので、父と二人で猪名川へ行った。河原の砂の上に腰をおろして、パンか何か食べながら、滔々と流れる水を眺めたり、北の方に霞んでいる池田の五月山や、空行く雲を仰ぎながら、しばらく語り合った。何を話したかは覚えていないが、四十四歳の若き父と十三歳の息子は最高に幸福であった。流れる水の音は「おめでとう、おめでとう」と言ってくれているようであった。青空を流れる雲も「よかったね、よかったね」と語りかけてくれるような気がした。（『自伝』）

秀次の、このあたりが一番しあわせな、比較的平穏な日々であったかもしれない。

息子の中学合格に誘われたわけでもあるまいが、この年の夏、神職資格を得るべく、さきにも述べたように、兵庫県皇典講究分所での祭式講習を受けている。期間がどれほどであったか分からないけれど、

息子の秀男は八月二十三日の日記に、こんなことを書いている――「今日は、父の神戸の講習の試験ださうだ。検定試験。連日の疲労のために大分肉の落ちたのがみえて、きのどくでならぬ。いよいよ明日で講習は終りだそうだ」。

こころ優しいこの息子は、やがて大阪府の池田師範学校に進み、末っ子の秀文はまだ幼かったが、娘の信子は、まるで母のあとを追うように、尼崎高等女学校からさらに同校補習科で学び、地元の小学校の先生となる。

この大正期から昭和初年代にかけては、一般社会的にもたいへん興味深い時代であって、わたしは自分の関心の方向から『哲学徒と詩人――西田幾多郎をめぐる短い生の四つの肖像』という本を書き、きわめて俊秀にして、しかも夭折したこの時代の〈文学的哲学徒〉の伝記を試みたことがある。またこの時代は、いわゆる大正デモクラシー・大正モダン・新教育・自由主義・教養主義という時代思潮が渦を巻くのであるが、やがて共産主義・プロレタリア文学の隆盛を迎える。

秀次がこういう時代の趨勢《すうせい》にどう自分の姿勢を示したかは、関心のあるところながら、はっきりしない。ただ、秀次・じゅん夫妻は教育的意識に於いては、当時、かなり時代の先端をいっていたようだ。

というのも、この家族がそのころに購読していた雑誌だけをみても、『児童の世紀』（成城学園）『学習の友』（奈良女子高等師範）『婦人公論』（中央公論社・大正四年創刊）『サンデー毎日』『少女の友』『譚海』……などがあるのである。『児童の世紀』と『学習の友』は、いわゆる大正自由主義教育の歴史におけるシンボリックな雑誌にほかならない。

貧乏ではあったけれども、そういう方面にはお金を使った。秀次は、もともと読書好きな男であったし、妻じゅんは高い意識をもって教育現場に立つ女性であったのにちがいない。「父は読書の好きな人だったので私が本を買うことについては何も言わなかったし、母もよく理解してくれて、月に一冊ぐらいは私のほしいという本を買ってくれた」（『自伝』）と、息子の秀男は述べている。なお、いま挙げた諸雑誌の名前がなぜ分かるかといえば、秀男の小学生時代につけていた日記にそれらが登場するからである。

3

祖父秀次の伝記を書いていると、なかなか神職や神社の話にならないので困るが、秀次が三度目の転居をするまでに、唯一度、上村葦水の名で「難波《なにわ》」という随想を書いている。かの有名な郷土研究雑誌『上方』（第五十九号・昭和十年十一月・創元社）が、「尼崎号」を組んだときに寄稿したものだ。寄稿者はほかに、大覚寺僧侶の岡本静心、貴布禰神社神官の江田清治、尼崎図書館長の多田莎平などが名を連ねている。

「難波——古めかしい匂ひのする地名である」

という一句で始まるこのエッセイは、取り立てて秀次自身の所見を述べた文章ではないけれども、『日本紀』『増鏡』『筆拍子』『夫木集』『千載集』『摂陽群談』『摂津名所図会』『風雅集』などの古典から〈難波〉に触れた文や歌を短く摘出してある。その前段で秀次は、述べている。

国道電車［いまの国道2号を走っていた路面電車］が通じて難波停留所が出来るまでは、大阪の南海終点の地名と同じくナンバと呼ぶ人が多かった。……大正五年四月、尼崎が市制実施当時、立花村より分離して尼崎に合併したのが難波で、東西両難波に分かれてゐる。むかし難波潟・難波江・難波津と称したのは、大阪の住吉浦より此の辺り迄を云ったものと思はれる。大阪の古称である「難波」と同じであるから、古来説多く、仁徳天皇は始め此地に行幸あらせられ、後に大阪の地に宮居を定め給ひしとも謂われてゐる。

また、「難波八幡神社史」として、次のように記している。

当社は往古より著名の旧社にして其の創立は仁徳天皇の御宇にあり、仁慈海の如き天皇は当地に度々行幸遊ばされしに依り、当地の住民は天皇の御恩沢を蒙る事他よりも一層深きに依り、天皇の御父帝に御座しませし応神天皇を其当時に産土の神として斎き祭りしと云ふ、今に至るも
神楽田（仁徳天皇神楽を奏せしめ給ひし所といふ）
梅ノ木（仁徳天皇に献じたる梅木の在りし地といふ）
度々（仁徳天皇の度々行幸になりし地といふ）
殿見所。門ヶ内。宮ノ跡。

等田地の字名として残れり云々。

天皇さまが〈産土の神〉というのも変な話ではあるが、いわゆる伝承とはこういうものでもあろうから、いちいち詮索はしない。それより、難波潟とか難波津といえば、よく知られた歌に、

難波津に咲くやこの花冬ごもり
　今は春べと咲くやこの花　王仁（古今和歌集）

難波潟みじかき芦のふしの間も
　逢はでこの世を過してよとや　伊勢（新古今和歌集）

があるが、秀次が挙げているのはまた別の歌である——

あしわけのほとこそあらめ難波ふね
　沖に出でてもこきあはしとや　俊成（夫木集）

霜かれの難波の芦のほのぼのと
　あくるみなとに千鳥鳴くなり　成保（千載集）

有かよふ難波の宮は海ちかみ

海女乙女らかのれる船みゆ　國隆（風雅集）

そして、締め括りにこんなエピソードを添えている――

「難波は尼崎本地よりは古く部落を成したる州浜であったことは明らかであって、街道はもと難波を通ってゐたものらしく、先般西宮の吉井良秀翁が老父［道賢］を訪ねて来られし際のお話にも其の事が出てゐた。（翁は目下難波から鹽江《しおえ》に到る辺の或る研究に没頭しておられるといふことであった）」と。ちなみに、吉井良秀は現宮司から三代まえの西宮神社の宮司である。

4

ところが、比較的な平穏を突き破って、秀次の家族に悲劇が襲ったのは、秀次がこのエッセイを発表してから一年半後のことだった。小学校の先生をしていた一人娘を大阪に嫁がせたかと思う間もなく、新妻・信子が突然の身体痙攣・発語不能・発熱の症状を呈し、いっときは回復して実家で静養していたが、昭和十二年五月二十六日、二十二歳の若さで早世したのである。

秀次は、死んだ娘を前にして、激しく泣いたという。「豪気な性格だった父が、にわかに気の衰えたのは、妹の信子が結婚して間もなく、エンボリーという病気で急逝した時であった」と、秀男は述べている。

嫁ぎ行きし姿の眼にもきえぬ間に
野辺の送りの今日ぞ悲しき　秀次

この前年には、三月に妻じゅんは開明尋常小学校を、五十歳で定年退職。十一月には父道賢が八十歳で長逝する。

さて、三度目の転居は昭和十四年、市営住宅を引き払って、尼崎の西部、阪神武庫川駅にほど近い尼崎市西字栄地（西新田・いまの大庄西町）の古い大きな農家を借りた。その家で宝塚尋常高等小学校の同僚菊元政子と結婚したばかりの息子秀男夫婦と四人で住んだ。ここで昭和十六年十二月、太平洋戦争が始まる一日前にわたしの兄忠男が生まれ、南海のガダルカナル島で日本軍が敗退するころ、十八年二月の晦日にわたしが生まれた。

昭和十六年は、秀次一家にとって事の多い年であった。まず春四月に末っ子の秀文が満州へ発った。つぎに夏七月には秀男・秀文の異母兄秀則が応召。この秀則は、昭和七年十一月から東難波八幡神社杜掌を務めていたので、秀則出征のあと、その職務を父の秀次が自然と引き継ぐかたちになった。このとき秀次はすでに還暦に達していた。このころの秀男は小学校勤務を休んで、乾性肋膜炎やら肺浸潤を患って入退院を繰り返していた。

そうした中、昭和十七年のものと見られる、秀則宛の秀次の書簡がある。宛先の住所は「満州国間島省延吉　満州第九八七部隊第六班」。送り主の住所は「尼崎市難波本町四丁目」。

三通残っているが、そのひとつを引く。

拝啓
年内も余り少なに相成り何かと気忙しく候　其拝にも大した変りなく静養の趣き　天恩の忝《かたじ》けなさに感涙いたして居り候　秀文は神経痛がはかばかしからず焦り居り候　当方皆々無事越年いたす可く候、
小生学階試験未だ判明せず制度が変り東京の神祇院にて採点決定の事とて此の春の試験では兵庫県の受験者は全部落第にて秋の受験者の兵庫県の成績は小生が一番にて春の落第者の一人が二番と先般県の小西氏より内報あり今回も小生が駄目ならば亦全滅に御座候　事実問題も大変六ヶ敷く相成り申し候、
水堂の社務所も来年三四月には移転出来る事と存じ候　神社の奉仕も中々八ヶ間敷く数多くなり申し候　祭式も大変改良され先般来より全部講習を受け居り候
明廿四日は先般陛下伊勢神宮御親拝の大御心を拝し全神社にて特に祈願祭執行市よりも参向いたし候、
時局も益々重大国内も益々緊張老いも若きも男も女も大いに働かねばならず候　随分変って来り申し候、道忠五十鈴［秀則の長男と長女］追々成人中々の元気にて此の分ならば中分無之候、病気には勝てぬときまって居るのだからあせらず充分静養　天恩に浴し他日の御奉公を念とせられ度候

十二月二十三日

父より

秀則拝

戦時中を秀次がいかに過したか――それを僅かながら窺い知ることができる、ほとんど唯一のことばといってよい。

写真2　父母・祖父母・兄と生後半年の筆者
水堂須佐男神社社務所縁側にて（昭和18年8月）

5

この手紙の中に出てくる「水堂の社務所」とは、阪神沿線の西新田の農家から北へ五キロほど歩いた先の、省線（のちの国鉄・現JR）のガードを超えてまもなくのところにある尼崎市水堂字垣之内の村やしろ須佐男神社社務所のことで、秀次最後の転居先にほかならない。

なぜ、そこに移り住むことになったか――それは、小学校を病気退職中で神職資格も持っている上村秀男のことを知った水堂の氏子総代から、社務所を建てるから是非、神主さんとして来てほしいと懇請されたからだ。やがて、昭和十八年四月、秀男夫妻・忠男と武男・秀次夫妻の六人が、荷車に家財を積んで、生後まもないわたしは祖母の背に負ぶわれて――秀次愛玩のたくさんな盆栽類もいっしょに――水堂の地に越してきた。（写真2）

さきに述べたように、水堂須佐男神社は難波八幡神社の宮司が兼務する社であったが、この時から、神主さんがいつも居る本務神社となった。宮司は上村秀男、わたしの父である。祖父の秀次は、昭和二十一年六月に書いた履歴書によれば、「昭和十九年十月十五日尼崎市栗山字屋敷田郷社生島神社社司拝命」とある。生島神社は親戚筋の神社である。「社掌」は、いまいう宮司、郷社では「社司」が宮司であったか。いずれにしても、神職・神官にはちがいない。戦前まで（昭和二十一年廃止）の古い呼称である。小学校の教員を「訓導」と呼んだのと同じだ。そして、太平洋戦争の敗戦をはさんで、昭和二十一年六月、神社本庁から神職階位正階を授与され、水堂須佐男神社宮司にも就任した。尼崎神職会長を務めたこともある。

ところがこのころ、秀次は、ふしぎな旅をしている。山陰と山陽とが西の端で相重なる長門方面へ、二十一年の五月から二十二年の六月まで、一年以上に渉って、

写真3　自宅居間で74歳の上村秀次
部屋の中で小鳥を飼っていた（昭和30年2月）

行ったきり戻っていないのである。
何をしていたのか。歌と俳句を約二百首詠んでいる。もとより趣味の域を出ないが、その中身をみると、どうやら各地の宿を転々としながら逗留を続けた様子だ。おそらくは、何か大きな儲け仕事の山でも張っていたのではないかと、わたしは推測しているが、たぶん当たっているだろう。こういうところは、秀次に戦前も戦後もなかったといってよい。
ただ、大きく変ったのは、体力の衰えである。部屋のなかではメジロやカナリヤなどの小鳥を飼い、社務所の庭ではニワトリ、チャボ、ハト、ウサギ、イヌなどを飼って、サボテンやウメやの盆栽を作り、それらの世話がたのしくて仕方がない——そういった七十歳前後の祖父の元気なすがたを、幼少期のわたしは記憶している。（写真3）
近所の池へ魚釣りに行ったり、六甲山へいっしょに登ったりもした。昭和二十六年の夏休みに、秀次・じゅん・忠男・武男の四人で、信濃から東京へと九日間の大旅行をした。秀次、七十歳。翌年もこの四人で淡路島に遊んだ。その折の秀次の歌——

朝まだきみそぎせましと磯に立つ
老いにし我のいとほしきかな　葦水

このあとは、あれだけ頑健を誇った秀次に、とつぜん、心臓性喘息のはげしい発作が見舞い、心臓弁膜症を発症。四年ほど入退院を繰り返した末、昭和三十一年十二月四日午前三時半、息を引き取った。七十五歳であった。(写真4)

祖父が入院していたのは、まだ出来たばかりの関西労災病院という大きな病院であったが、病室と道路や敷地のあいだに垣根らしいものもなく、わたしは祖父の病室を庭から直接のぞいては、近くの武庫川へ遊びに行った。

河川敷にはさまざまな草花が生い繁り、蝶や蜻蛉《とんぼ》などの色とりどりの昆虫や、ヘビにトカゲにカマキリがいた。川面をみると、いろんな小魚が無数に泳いでいた。わたしのような子供にとって、そこはまるで夢幻の宝庫のようなものであった。六甲の山稜に夕日が沈み、陽が翳《かげ》ると、わたしはまた病室に立ち寄って、手折ってきた野の草花を「お見舞――」といって、その辺の牛乳ビンかコップに差し込んで帰路につくのであった。

祖父が死んだあと、わたしたち孫は相談して、祖父が飼っていた白いハト一羽を、南の縁側から、よく晴れた大空へそっと放してやった。

写真4　妻と共に
尼崎・水堂須佐男神社にて(昭和30年頃)

ハトは、わたしが抱いた両手から軽く抛《ほう》り投げるように放たれ、一瞬ためらったかと思うと、勢いよく宙を切って彼方へ飛んでいった。

「ああ、おじいちゃんが飛んでいく」

と、そのとき少年のわたしは思った。

《第六章》

少年のかなしみ――出自・貧乏・病気。

［父のこと〈1〉］

1

わたしの父上村秀男が、三十歳も過ぎて、小さな村やしろの神官になったのは、まったくの偶然にすぎない。

というよりは、たくさんの、数え切れないほどの、見えもしない微細な偶然の出来事が、幾筋も幾年も積み重なった。しかしそれは、結局は、ほとんどくっきりと太い一本の白い道のようになった。必然、不可避の道になったのである。

わたしには、そうとしか思いようがない。その「道」が、しあわせそれともふしあわせ――いずれであるかなどは、誰にもわからない。

父秀男が神官の職分に就くまでの経歴について述べたいとおもうのだけれど、わたしは自分の父親のことに触れて、これまでに、世間一般の常識からすれば異常とみえるほどたくさん、種々の言葉を――詩歌にも散文にも――書いてきている。

それは十代からで、すでに半世紀を超える。

父秀男は、いささか文章をよくしたが、わたしが編集を手がけた本だけで、生前の父とわたしとの往復書簡集、死後すぐの著作集全三巻、尋常小学校時代の日記と綴り方（作文）の記録、没後三十年の折の写真集などがある。

しかし父は社会的に、有名人でも何でもない。一介の、しがない、安月給の地方公務員。すなわち、公立小中学校の教師。そしてまた、ささやかな、四百坪ばかりの境内地に鎮座する村やしろの神職、宮守り。それと並行して私立幼稚園の経営にも園長として関わっていたが、こちらの仕事はやがて妻政子のほうが全面的に主導権を握るようになる。

著書は句集その他あるが、書店に並ぶようなものは皆無にひとしい。ただ、あるとしたら、わたしが編集して死後遥かに公刊された『大正の小さな日記帳から』という、父の小学校四年から六年に渉る日記と綴り方を編んだ本（編集工房ノア・二〇〇〇年）くらいのものであろうか。

この本はいまでも、ジュンク堂あたりの棚には並んでいるかもしれない。インターネットでも入手できる。発刊当時、朝日新聞に斎藤美奈子という批評家が、大型書評を書いてくれたこともある。毎日新聞は一面コラム「余録」（二〇〇〇年十二月一日）の全文を使ってこの本を紹介した。父秀男にとっては、生前に病気退職後まもなくに自費出版した、教壇回顧録『この一道に生かされて』（創元社・一九五八年）とならぶ代表作であろう。

ところで、幼少期というものは、ひとの生涯において、誰にでもかならず存在する。

秀男にも、それは厳然として存在するのである。厳然として――というよりも、いっそう「秘められた謎の事実」として。

ここに一枚の、読み解くことが困難な、古ぼけた写真がある。（写真1）

その一種異様な雰囲気の漂う写真について語りたい。秀男幼少期のものである。

写真1　2、3歳ころの父
上村秀男

じつは、この一枚に触れて、わたしは平成十九年（二〇〇七）、秀男没後三十年の折に私家版で少部数こしらえた本で、こういう「写真解説」を書いている。

大正四年（一九一五年）、三歳ころか。ふしぎな一枚である。これが、父がひとりで写っている最も古い写真なのだが、写真館で撮ってもらったとは見えない。はだしにゲタ履きでふだん着。背景にかすかに木立ちのような影が写っている。もとより場所がどこだか分からない。布の帽子をかぶり、きゅっと口を結び、右手になにか玩具のようなものを握りしめている。眼差しが、斜めを向いて、どこかさみしげである。父の母は、息子［秀男］がまだごく幼少のころ、事情あって、瀬戸内海をゆく船から息子といっしょに入水心中をしようと思ったことがある。そのころの親子の生活の光景が、この一枚のまわりにひろがっている――と考えるのは、わたしの「見つめ過ぎ」か。

（『写真集　父の肖像―アルバムの中の上村秀男』）

この一枚が、わたしの『父の肖像』の巻頭を飾り、それの可能な限り精確を期した写真注記〈キャプション〉が、これであった。しかしわたしは、殊更に父秀男の生涯を「かなしみの色彩」で染めあげようとしたのではないし、いまもそんなことを試みようとするのではない。

ただ、事実として、秀男の六十五年の生涯の道のりには、いわば拭いようのない寂寥の白雲が漂っている。そのことは、追い追い述べていくことになるだろうが――そしてこれは神職としての秀男においても同然なのだが――いまは、これまでもしばしば引用に供している『自伝』の、これまた冒頭の書き出し部分を掲げよう。それは、こうである。


何でも月の明るい晩であった。とても深い夜で、あるいは夜明けに近い時刻であったかもしれない。数え年でまだ三歳に満たなかった私を無言で励まして、母はそっと戸外に私を連れだした。これは大変なことなのだ――という思いが、幼い私の脳裡《のうり》をかすめた。ものを言ってはいけないこと、すばやく行動しなければならないことが、母の必死の動作や眼付きで察しられ、私も懸命であった。

母と子で家出をした、その行く先は瀬戸内海に面した四国香川県の高松であった。秀男の母の弟がそこに住んでいたのだ。その弟を頼って出奔したが、一週間ほどで尼崎の難波の家に連れ戻されてしまった。これが、生まれて「最初の記憶」だという。

その難波の家（八幡神社）は、当時、祖父母をはじめ十名を超える大家族であった。

世は明治から大正に変り、所謂大正デモクラシーの時代が来ようとしていたのであるが、何といっても寂しい片田舎の農村（戸数八十）の旧家のこととて、封建的な雰囲気に包まれていた。その家族の中へ、都会的な教養を身につけた若夫婦が割り込んできた、しかも事業に失敗して帰郷したのであるから、周囲としっくり行く筈がない。

だれが考えてもそれはそうであったにちがいない。しかし、

信州真田藩の郷士の家に生まれ、武士の娘として女大学的な「いわゆる良妻賢母型の」家庭教育を多分に受けていた母は、極めて忍耐力に富む女性であった。その母が私を連れて無断で家出をするというのは、よくよくの事情があったからであろう。父母の在世中に唯の一度も当時のいきさつを聞かされたことはなかったが、…

と、『自伝』の言葉はつづく。

いまいう「十人を超える大家族」のうちには、父より「一歳年上の家兄《かけい》」もふくまれていた。「家兄」というのは、家付きの兄、家を継ぐ兄などを意味する言葉であろう。〈おとうとひでお〉は、この異母

兄を呼んで「義兄」とも、単に「兄」とも、けっして書かなかった。世に出生の秘密というが、父秀男の幼少期以来の人間形成の過程において、このひとつの「いきさつ」が、深い、秘められた、取り除けようのない、暗くてしつこい根株となって存在しつづけたことは、疑いようがない。

これが秀男のかなしみでなくて、なんであろうか。母子で家出をし、その途次に入水して親子心中をしようとまで思い詰めたことの「いきさつ」は、複雑で一言で言い現わせるようなものでなかったにちがいない。

上村家の長子たる男の正妻である母の長男の自分がではなく、いわゆる「妾の子」なのになぜか神社に引き取られて育った異母兄のほうが、結局は生家の神社を継ぐにいたる後年の事情にまでこの「いきさつ」は繋がっていく。

祖父秀次の立場もさることながら、祖母じゅんの苦悩と悲哀がどれほどのものであったかを、わたしは、いまさらのように思うのである。

いまのように人口に膾炙《かいしゃ》する以前に、わたしは、あの長門仙崎に生まれた夭折詩人金子みすゞついて、紀行のような評伝のような作品を書いたことがある。そのみすゞは、深刻な家庭の事情が引き金となって、若くして自殺して果てるが、直前に、一枚の写真をわざわざ写真館に出向いて撮っている。ふかい表情を湛えた、うつくしい自分の肖像を。

ひょっとして、それに似て、死を覚悟した祖母じゅんは、せめて息子秀男のすがたを写真に遺そうとして、この一枚を無理矢理に親しい者か、当時は個人でカメラを持っている者などごくわずかであったろうから、やはりどこぞの写真屋に写してもらったのではないだろうか。

家にあった古い古い、祖父母か父の写真帳の中から、このふしぎな一枚をわたしは見つけたのだが、戦災の焼野原の灰の底や、阪神大震災の倒壊家屋の下の隙間や、東日本大震災の黒い津波の水中から救い出されたアルバムのように、よくぞ残っていてくれたという気がする。

歴史というのは、そうやって、偶然の衣装をまとった必然の身体のように、永久にずっと人知れず埋没していたり、奇跡か何かのようにふいっと、重い地層、深海の底からでも蘇ってきたりするのにちがいないのである。

歴史の世界は、他力か自力か、必然か偶然か――そのいずれをも天地として伸びていく、一本の白い寂寥の道に似ている。

2

その寂寥、どうしようもないさみしさの道の途次で、すでに県立伊丹中学（現・県立伊丹高校）の学生となった十代半ばの秀男は、ある日、学校からさほど遠くはない昆陽池《こやいけ》のほとりを、日中からぶらついていた。

兵庫県の渡り鳥の飛来地として名が知られているこの大きな池は、周りを豊かな樹林にかこまれている。

写真2　旧制県立伊丹中学校の学生・秀男
（大正 15 年 2 月 13 日）

どのあたりであろう、その林のなかの太い樹に背中をもたれかけさせて、五つボタンの学生服のズボンポケットに両手を突っ込み、怒ったみたいな流し眼でこちらをみつめている。学生帽に革靴のように見える、先の尖った靴で樹の根方をふんばって、ひとりで立っている。

そういう写真がある。（写真2）

その写真をめぐって少年秀男のことを語りたい。わたしが『父の肖像』に、この折れて傷ついた一枚を含めたときに付けたキャプションは、こうだった——

大正十五年（一九二六）二月十三日（十五歳）。県立伊丹中学三年生。伊丹にて。家が経済的に貧しく、授業料がしばしば滞り、遠足にも修学旅行にもいけなかった。そんなある日の写真か。

撮影年月日と場所と氏名は、秀男当人のペン字で、写真の裏やアルバムの台紙に記してあった。そのあとの記述は、わたしの類推であるが、根拠というか、出典がないわけではない。

私が中学に入ってから、貧しさはますます深刻であった。親の経済の苦しさを考えて、春と秋の遠足には殆んど参加しなかった。中学五年の一学期の修学旅行は関東方面であったが、とても一時に大金を貰うことができなくて不参加であった。私と同じような事情で参加しなかった友達二，三名と共に、旅行期間中、毎日、伊丹中学校から昆陽池まで歩いて行って、池に舟を浮かべて遊んだ。私が艪を漕ぐことを覚えたのは、このときであった。（『自伝』）

たとえば、こういう記述。さみしい記述である。親の経済的貧困という現実を前にして、子は遠足も修学旅行も、みずから辞退して、池にボートを浮かべ、池水がむなしく煌めくのをみつめているのである。親が悪いのか、自分が学生であることがいけないのか、そんなことが誰にわかろうか。世の中、男が先か女が先か、もしくは親子、兄弟では？　少年秀男はもとより、その問いにいったい誰が答えられるだろう――

山の樹と谷の河原のあとさきを
　誰もしらない池をさみしむ　　たけを

けれどもこの『自伝』は、六十歳を過ぎた最晩年の回顧の言葉だ。記述そのものがいっそう生々しいのは、その当時の、中学生の秀男の日記のほうである。

いま、その断片がわずかに遺されている。（写真3）

貧だ、貧だ、夕飯の何と淋しきことよ。悪臭のする麦飯に、菜といっては、ああ、ゴマ塩と塩こんぶ、それに少量のシソだ。実にそれだけ。醤油すらないのだ。淋しい気がする。人生に疲れた父母の姿のいたいたしさよ。生れては、死んでゆくこの人生を、何と解釈してよいのだらう。味はう。考へよう。（昭和二年七月七日）

試験がすんだら小説が書きたい。（昭和二年七月十四日）

今日より学期試験始る。

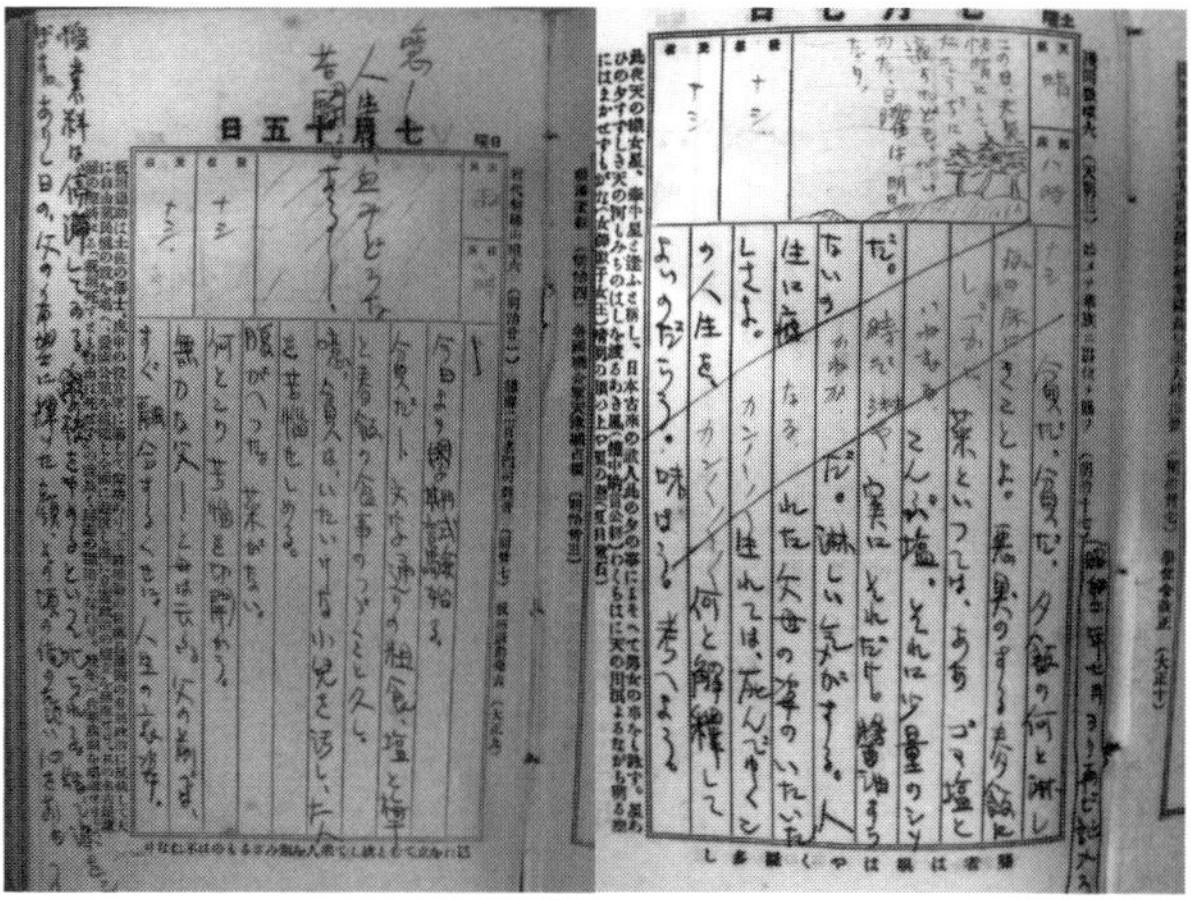

写真３　秀男の日記（昭和２年７月）

貧だ――、文字通りの粗食、塩と梅干と麦飯の食事のつづくこと久し。

嗚、貧は、いたいけない小児を汚し、大人を苦悩せしめる。

腹がへった。菜がない。

何とこの苦悩を切開かう。

無力な父――と母は云ふ。父の前では、すぐ融合するくせに。

人生の哀姿。

嗚! 人生は、血みどろな苦闘である――

授業料は停滞してゐる。学校をやめるといって叱られる。後で涙をこぼす。ありし日の、父の希望に輝いた顔、その頃の俺のたのしい心をおもって。(昭和二年七月十五日)

昭和二年は、秀男少年十五歳。この年の日記の記述はこれだけがすべてで、それも大正十二年の日記帳の余白を使って書きつけられている。そして、これがなぜ昭和二年の日記だとわかるかといえば、秀男自身が、「昭和二年七月ヨリ再ビ記入ス」と欄外に記しておいてくれたからにほかならない。

満九歳のはじめ(尋常小学三年三学期)から、六十五歳(昭和五十二年六月)で生涯を閉じるまで、断続しつつもずっと日記をつけていた父秀男であるが、その何十冊もの日記帳を「すべて読む」ということをわたしがしなかったならば、この哀切な昭和二年の断片の文言は、おそらく永久にひとの目にふれることがなく、目に見える歴史の地平に姿を現さずにおわったであろう。

こんなかなしい日記は、おもてに出さない方がよいのかもしれない。昭和初期は世の中全体が大きな経済不況の暗雲に覆われていたけれども、しかし、少年秀男が味わった貧乏とは、事実、こういうものであったのである。

3

父秀男は、三十歳ころに神職となるが、それ以前も以後もずっと、ほとんど生涯を通じて、息の煉獄というほかはない業病——喘息に悩まされ続けた。

生まれつきの先天的体質のせいか、林立する巨大な煙突から煤煙が噴き出す「工都・尼崎」に生まれ育った社会的環境ゆえか、それとも生来がストレスを心身に溜め込みやすい精神の構造がその病を誘発させるのか。それは、にわかには判断しがたい。

発端は、風邪とみまがう小児喘息の発作であった。小学六年の時（大正十二年）の日記。

残念ながら、学校を休んだ。家にひきこもってゐるほど残念なことはない。（六月四日）

今日も休んだ。やだなあ。つくづく自分がなさけなくなった。（六月五日）

今日も、けっせき。あゝ、いやだいやだ。たいくつだ。残念だ。かなしい。くやしい。（六月六日）

……又、休んだ。あゝ……なさけない。ためいきばかりついていてなんになるッ。（六月七日）

学校へ行った。うれしかった。あまり勉強はできなかった。（六月八日）
休んだ。つらし。（六月九日）
一日、家に居た。まだ、かぜがなほらぬ。つらいなあ。（六月十日）
学校へ一時間だけ行って、早引きした。頭がいたい。（六月十一日）
また休み。いやだいやだ。何だか、かなしくなった。（六月十二日）
休み。いやだ。（六月十三日）
又、学校を休んだ。いんきだ。（六月十四日）
休む！（六月十五日）
大へんからだがよくなったが、休んだ。来週の月曜から行こう。（六月十六日）
一日中、大いにあそんだ。もう、もとのからだとなった。白日晴天の身となった。うれしい、うれしい。（六月十七日）
学校へ行った。たのしい。うれしい。父より五円もらった。うれしい。それから、がま口をもらった。うれしくてたまらない。友達にあっても、ほくほく。先生にあっても、ほくほく。

燕とぶ山沢水に藤波の
花ちりうきて夏は来にけり　明治天皇御製　（六月十八日）

このように、学校を一週間も二週間も病欠しなければならない、切ない秀男少年であったけれども、学業はつねにトップクラスだったようである。そして、喘息という病は、えてして季節の変わり目に症状が出やすい傾向がある。

この年の九月にも、

病気！　風ひきだ。苦しい。のどが苦しい。ぜんそくだそうだ。学校は休んだ。（中略）今日も学校を休んだ。医者（中野）に注しゃしてもらったら、夜、よくねることが出来た。それまでは、苦しくて苦しくて、とてもねられなかった。不思議な薬の力に感謝してゐる。

といった日記をつけている。

秀男少年を苦しめた病気は、しかし、喘息だけではなかった。

文弱とか病弱とか弱虫とか、周りから「弱い、弱い」とささやく声が聴こえる。おのれみずから、そう思う。そんな自分に反抗して、彼は柔道部に入る。

寒稽古もした。試合にも出た。が、文武両道をねらった秀男少年の腹の奥底からの祈願は、肺浸潤という、軽い結核とも称すべき病魔によって断たれた。

中学三年の一学期に急性肺炎を患らってから、私の胸に異状が生じた。それ以来、喘息の発作のあとは、必ず高熱を発するようになった。中学五年の二学期の半ばに発した高熱は永く続き、肺浸潤と診断され、学校は病気欠席した。三月二日の卒業式も病床で迎えた。私の欠席日数は、第三学年一年間の出席日数の三分の一を超過していたが、職員会議で協議の結果、留年（落第）の扱いをせず卒業させてくれたのであった（『自伝』）

この成績優秀な、貧乏家庭の病学生を、出席日数の不足ゆえに落第させるに、教師たちも忍びなかったのにちがいない。

秀男少年は、医者には禁じられていたけれども、病床のつれづれにこっそり読書に耽った。小林多喜二らのプロレタリア文学から武者小路実篤らの白樺派文学、徳冨蘆花《ろか》、石川啄木、正岡子規らの詩歌や文章。子規の『病床六尺』はじつにしみじみ身に沁《し》みたし、啄木の歌は全部を暗唱できるほどであった。その啄木かぶれが嵩じて、「流木」という号までこしらえた。

旧制中学五年は、いまの高校二年である。そして、教師たちが学生上村秀男の卒業を認めた判断は、正しかった。しかし、卒業はしたものの、当人はすぐには進学することも就職することも出来なかった。そんな準備をする余裕など、どこにもなかったからである。

秀男の少年期はすでに終わり、いっそう多事多難な青年期が始まろうとしていた。

我が病あしくなりゆく真夜中に
　母寝ねやらず泣きてあるらし

流木、中学五年卒業後の浪人時代に詠った短歌である。
余事ながら、ずっと後年に、喘息の発作に苦しむ父とひとつ部屋に寝起きしていたわたしが、おなじく高校卒業後の浪人時代に詠んだ拙歌一首。

月の夜を父の咳きけば胸いたし
　燈籠の陰にじっと座りぬ　　たけを

《第七章》

颪のなかの青春――俳句、そして室戸台風。

［父のこと〈2〉］

1

かいつぶりさびしくなればくぐりけり　草城

このあいだ、冬の伊丹の昆陽池《こやいけ》へ写真を撮りに出かけた。そして池のほとりの林のなかで、ふと、この句に出会った。

ほどよい自然石に、作者日野草城《そうじょう》自筆の書字を用いて刻んであった。原句も、ひらがなばかりの作品。草城は二十世紀前半に生きた、わが国の代表的俳人のひとりであるが、しかしそんなことよりも、わたしの父秀男――俳号を「三竿《さんかん》」といった――は、旧制伊丹中学をなんとか卒業したのち、前章でも述べたように進学も就職もできずに病気療養の淋しく苦しい日夜を送っていた。

そんなある日、小学六年のときの担任教師から、とつぜん、秀男宛に小さな一冊の俳句同人誌『ちゝり』の創刊号が送られてきた。病床のつれづれもあってか、もともと文学少年の秀男は、その雑誌を、むしゃぶり喰うかのようにして読み耽った。

これが、その後、死ぬまで続くことになる父と俳句実作との、運命的といってよい出逢いの瞬間であった。

担任教師の名は、多田喜久二。俳号を莎平《さへい》といい、故地播州の龍野小学校で教えた生徒に、のちの西田幾多郎門下の哲学者三木清がいた。中学在学中には校長排斥の学生ストライキを打ったこともある。同級に詩人三木露風がいて首席をあらそったという。子規派で大阪の松瀬青々《せいせい》門下の、圭角鋭い俳人且つ学校教師。教職のあとさきに実業界にも身を置く。

なお、付け加えていえば、この父の恩師は、あの「忠臣蔵」で名高い萱野《かやの》三平（俳号・涓泉《けんせん》）――ドラマのなかでは「早野勘平」の名で登場する――を、俳人として早くに世間に知らしめた赤穂義士研究者でもあった。

三木清は『読書と人生』のなかで、「田舎の子供には作られた夢は要らない。土が彼の心のうちに夢を育ててくれる。かやうな私がそれでも文芸といふものを比較的早く知ったのは、一人のやや無法な教師のおかげである」と、小学六年担任の多田先生のことを回想している。「この先生によって私は子規や蕪村や芭蕉の名を知りその句を教へられた」と。

そういうことを、池畔の草城の句をゆっくり読みながら、思うともなく思っていた。

父秀男、いや三竿は、五十代のなかごろにこんなことを書いている。

明治以降の俳人の中で、あなたの好きな作家を三人挙げよ、と言われたら、私は直ちに、それは村

上鬼城・種田山頭火・日野草城の三人ですと答えるであろう。(「俳句のこころ」昭和四十二年)

正岡子規や松瀬青々や高浜虚子や石田波郷《はきょう》や飯田蛇笏《だこつ》など尊敬するが、尊敬と好きとはちがう。《「好き」ということは、私が親近感を抱いているということである》と。

もしも、近代俳句に通暁したひとがこれを読めば、

「ははーん、三竿こと上村秀男という男は、そういうふうな人間か」

と、それこそすぐに諒解できることであろう。上村三竿のことばを、もうすこし聴いてみると、この三人には、ばらばらのようでいて、しかも「共通するもの」がある。それは、

第一に、三人とも人生の逆境に生き、生と死のぎりぎりの境涯を、いみじくも俳句に表現し得たということである。

第二に、…三人の句境に共通するもの、——それは、永遠の寂寥感である。

第三に、庶民性である。

第四に共通することは、三人とも俳壇のアウトサイダーであるということである。(同前)

このように指摘されている、鬼城・山頭火・草城三俳人の共通点は、じっさい、ほとんど俳人三竿も

しくは人間上村秀男そのひとにも、当てはまる事柄のように、わたしには感じられて仕方がない。

かいつぶりの句は、中の七字「さびしくなれば」が、生命線だろう。

さびしいのは、敗戦後の日本で、俳誌『青玄』を創刊して文学活動を続けつつも、重い肺結核に罹《かか》って十年も呻吟、ついに伊丹のとなりの池田で五十代半ばをもって生を終える作者そのひとにはちがいないのだが、かいつぶりという小さな水鳥が、湖面に浮いているかとみれば、ふいっと頭から水に潜るすがたを、かいつぶり自身がさみしがってそうするのだ、と詠んだ。

しかしあるいはまた、気分が良い日に昆陽池まで散歩にきて、何をするでもなく水鳥を眺めているうちに、肺腑の奥から「寂寥の塊」が、血痰のようにこみあげてきた。そのどうしようもないさびしさを、草城は、眼前のかいつぶりの見せる動作に重ね合わせて感受したのだ。

わたしが、あのとき、この一句――じつに平明で、音韻なめらかな、見た眼にもやさしくうつくしい一句に、じわっと深く惹きこまれたわけを、言葉にすればそういう事柄だったのかもしれない。

冬蜂の死にどころなく歩きけり　鬼城
小春日や石を噛み居る赤蜻蛉
世を恋ふて人を恐るゝ余寒かな

どうしようもないわたしが歩いてゐる　山頭火

みんなかへる家はある夕べのゆきき
おちついて死ねそうな草萌ゆる

平凡に咲ける朝顔の花を愛す　草城
余命いくばく生命保険払い込む

こういう句を詠むひとが、父秀男は、好きであった。

病人のある家暗し秋の雨　三竿　（昭和四年）
咲いてゐてなにか淋しきあしび哉　（昭和五年）
鉄瓶の湯のうまさ知る時雨哉　（昭和六年）
青田渡る風に潮の香尼ヶ崎　（昭和七年）
教室の隅に秋の蚊ゐたりけり　（昭和八年）

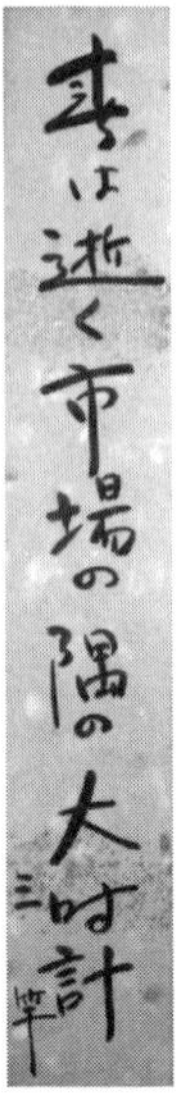

写真1　若き俳人・父三竿直筆の「春は逝く――」の短冊

写真2　父三竿直筆の「六甲は――」の短冊

春は逝く海老江の町の夜の音　（昭和九年）
六甲はうす紫に艸《くさ》萌ゆる　（昭和十年）

父、二十歳前後の句である。（写真1・2）

「春は逝く　尼の出屋敷　歩きけり」とかいう句が、たしか松瀬青々にはあったと記憶しているが、「青田渡る　風に潮の香　尼ヶ崎」なんぞ、採れたての春野菜のように清新で、まことによいではないか。昭和七年の句というから、いまから八十数年のむかしである。尼崎の南部、阪神沿線あたりでも、こんな田園自然の景観だったのだとおもえば、まことに隔世の感がふかい。

ところで、〈尼崎と俳句〉ということでいえば、時代をさらに遡って尼崎藩第三代藩主・櫻井忠告《ただつぐ》（俳号を「亀文《きぶん》」という）の句碑が、代々藩主を祀る尼崎市城内の櫻井神社と、それからわが神職父祖たちが宮司を務める東難波八幡神社の二か所に、いまも建っている。

まず霞む竃々や民の村　（櫻井神社境内）
雪と見て又豊年歟《か》村の梅　（八幡神社境内）（写真3）

写真3　桜井亀文の「雪と見て―」の句碑拓本

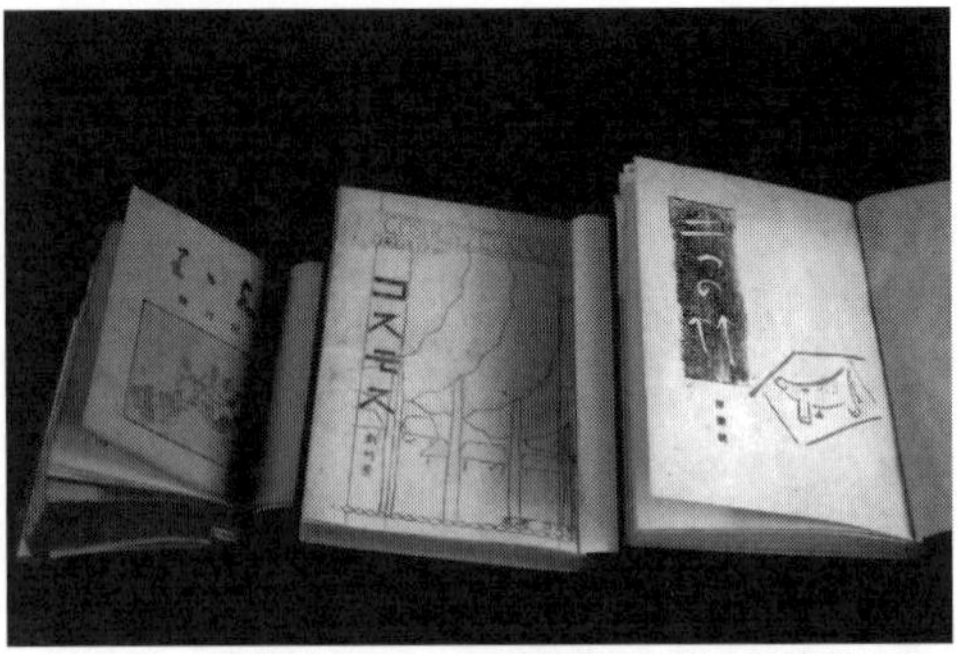

写真４　父秀男が関わり編集発行された俳句同人誌

この「雪と見て」のりっぱな句碑が、父祖のやしろである東難波八幡神社の境内の一隅に建立されたとき（昭和八年）、若き父秀男もかかわっていた。父が編集発行人になっている俳誌『二つの竹』（亀文号［第七号］昭和十年）から採録したので映像はかすれているが、建立除幕式のおりの記念写真がのこっている。

『二つの竹』は、『ちゝり』の後身誌であった。（写真4）

髪を短く刈り込み、紋付羽織袴の礼装で長身を包み、懐手をした三竿上村秀男と、背広姿の莎平こと多田喜久二が、中列左端に並んで写っている（写真5）。また、若き文学青年にして「綴り方教師」上村秀男は、翌十年二月の『兵庫教育』という雑誌（兵庫県教育会刊）に、若々しい高揚した調子の、句碑建立除幕の報告文を載せている。

2

しかし、この晴れの日（昭和八年十一月三日）からわずか十か月後に、京阪神一帯を中心とした未曾有の大風水害が襲うことを、もちろん、誰も知らない。

いま、上村三竿昭和九年春の一句を引いた。

この句に「海老江《えびえ》」という地名が出てくるが、父秀男はすでに述べたように、伊丹中学は卒業したものの、進路を決めかねていた。そんな教え子の姿を心配した多田先生が、池田師範学校の受験を勧めた。期限はひどく迫っていた。しかし、この年度だけ経済的負担軽減の特典があったりして、愛する教え子の将来をおもって先生は受験を強く促した。

受験勉強もろくにできないままであったが、秀男さん——と、この先生はこの教え子を呼ぶことを常とした——は、無事合格、一年間の寄宿生の過程を終えて、大阪市西淀川区の大和田尋常小学校訓導として赴任する。その初任校は、故地尼崎とは神崎川をはさんで隣接し、海老江というまちも学校の近所にあった。いまの大阪市福島区である。

秀男青年は、このころには、教師仲間たちと句会に出たりしていたのである。海老江でも句会があった。その折の句であろう。

昭和九年春——このときまでは、新米教師の試行錯誤ながら、秀男青年の身辺は、まず平穏であったといってよい。ところが、この年の秋九月二十一日、突如として、惨劇が襲った。

近代日本の災害史に太々と刻みこまれることになる、スーパー台風の代表格といってよい室戸台風が、関西に襲来し、若き上村秀男が勤務する尼崎尋常高等小学校の木造二階建て校舎を、最大瞬間風速六十メートルという暴風が、一気にぺしゃんこに押し倒してしまった。この日、大阪を主として関西の多くの学校校舎が倒壊した。

朝の授業が、始まるか始まらないかといった時刻で、担任教師のひとりとして、上村先生は雨で濡れた服を白い体操服に着替えて、教室にいた。受け持ちクラスは三年二組で、平屋南校舎であった。風は、急襲といった感じでまたたく間に強まり、校庭の樹木が地面におじぎをするように撓《たわ》み、教室の窓ガラスが大きな音をたてて割れ出した。なぜか、パチパチ手を叩いて笑っている男子児童。かたまって抱き合い、はげしく泣き叫ぶ女子児童。

そのうち、教室の天井が浮き上がり、教室全体が大波に揺られる舟のように揺れ始めた。上村担任は強いて冷静をよそおい、クラス児童五十人の動揺をしずめることに努めていたが、揺れる教室の中で、

「ここで自分は、この子供らといっしょに死ななければならない」

という思いが胸を過ぎった。

そのとき、伝令が来て、道ひとつ隔てて隣接する高等女学校の講堂へ避難するようにというので、上村担任はそれに従ってクラスの児童全員を、風雨を衝いて引率、退避させた。

この直後、惨劇は起った。

建替えてまだそれほどの年数もなく、いちばん安全だと思われていた木造二階建て校舎。それが、南からの暴風をまともに受けて倒壊してしまった。そして、ちょうど一階への階段を避難途中だった高等科の生徒十五名と、池田敬止という担任教師一名が、校舎の下敷きになっていのちを落したのである。

これは、尼崎最多の犠牲者数であった。ただちに倒壊現場に駆けつけて救助活動にあたった上村先生は、死んだ生徒を抱き上げて、その重さに驚き、傍らに放り出された弁当箱がまだ温かいことに胸を衝

かれたという。

しかも、事はそれだけにとどまらなかった。

兵庫県で唯一人の死亡教員となった池田担任は、他の先生や生徒とともに階段途中を避難していて崩れ落ちる校舎の下敷きになって、なくなった。一人きりで。仰向けになって。

ところがそれを、校長がみずから作文をして、女子生徒二人ないし三人を両腕で抱きかかえるようにして殉職した――という「美談」を捏造して、当局に報告したのである。これが、秋も深まった十一月十六日付けの大阪毎日新聞が社会面トップで大きくスクープ記事を載せたことと相俟《あいま》って、校内外をゆるがす一大センセイションを惹き起こした。

校内において、この校長および校長一派を職員会議の席上などで激しく、徹底的に非難し攻撃した青年教師たちが存在したのだが、その反校長グループの中心あたりに、上村担任はいた。かれは、きびしい正義感の持ち主であって、校長のそんな薄汚れた俗物性が、どうしても許せなかったのだ。

文字どおり、刺し違えて死ぬ決意で、辞表を書いて、いちばん若い上村担任は最後までのこった数名の同志とともに、事態の真相究明に突き進んだ。もちろん、相対する校長派の抵抗の風は、柔硬とりまぜて、強く、しつこく、たとえば地元紙「神戸又新日報」に御用記事を書かせるというマスコミ戦略まで使って巧妙をきわめる。保身、利権になんとしてもしがみつかねばならないからだ。

当時の尼崎尋常高等小学校の松本校長は、市内の代表校長であって、政治的な手腕という意味でだが、なかなかのやり手であった。青二才の、新米の、青年教師ごときに、やすやすと負けてアタマを下げる人物ではない。そのうえ、当時の校長職は絶大な人事権をにぎっていた。そこに、師範学校——池田・天王寺・明石・姫路・奈良、などなど——のあいだの「学閥」なるものがまた、隠然として存在した。ちなみに、上村訓導は大阪の池田師範の出身であって、兵庫県の尼崎では「傍系」にぞくする。それやこれやで、最後まで校長批判の姿勢を貫いた青年教師たちは、ほとんど皆、翌年春の人事異動で他校へ左遷され、校長は同じ尼崎市内で校長として横滑りをした。

父秀男は、せっかく故地での就職をはたしたかと思う間もなく、わずか一年で武庫郡の住吉尋常高等小学校（現・神戸市東灘区の住吉小）への左遷という憂き目に遭う結果となったのである。

この嵐の中の青年教師たちのたたかいを、陰に陽に支え続けた精神的バックボーンが——悪く言えばフィクサーもしくは策士が——いたとすれば、それは誰あろう、父秀男の小学六年担任教師、すなわち三木清のいわゆる「やや無法な教師」多田喜久二そのひとであったにちがいないとおもわれる。室戸台風の当時、彼は尼崎市立図書館長であったが、尼崎尋常高等小にほど近いところにあった図書館で、校長批判派の青年教師たちはしばしば集まって話し合うようなこともあった。また、決意の辞表を数名で書き合った場所は、上村訓導の、賃貸市営住宅二階の、狭い一室に他ならなかった。

わたしは、数年前に、この父秀男の実体験をベースにして、室戸台風と学校災害という視点から、『災害が学校を襲うとき——ある室戸台風の記録』（創元社、二〇一一年）を書いたことがある。事の詳細はそちらに譲ることにしよう。そして、日野草城の俳句で始めたこの章は、やはり俳句で締めくくりたい。それも、父三竿の若い日の句で。

それに恰好な、「句のうまれたとき」という題名の、父の晩年六十歳ころの、さらりと味わい深いエッセイがある。その冒頭、「春」の部の最初を引く。

橋に来て電車止まりつ日の永き

昭和十一年の春、尼崎の難波の家から、武庫郡（現在は神戸市）住吉小学校へ、毎日、国道電車にゆられて通勤していた。難波の停留所から住吉の停留所まで、三十五分もかけてのろのろと走った。遅刻しそうなときなど、降りてタクシーでも拾おうかと思うほど、もどかしい電車であった。すこし早目に下校した折などは、電車はガラ空きのことが多かった。途中、武庫川大橋の上に停留所があったが、そこで停車するのがまるで景色のいい橋にさしかかかったから止まります—とでも言いたいようなとまりかたであった。春日遅々たるひと時—。

そのころ、阪神国道［いまの国道2号］を走る車は現在のように多くはなかった。電車の中の往復七十分は、私にとって大切な読書の時間であった。又、しばしば句作の時間でもあった。（昭和十一年作）

父三竿、二十四歳のときの句である。

国道電車（路面電車）は、さすがにもう走ってはいないけれど、ここに出てくる武庫川大橋（武庫大橋・大正十二年造営）の、りっぱな、堂々たる欄干は、いまも残っている。橋そのものが、うつくしい造りである。（二七〇ページ写真参照）

川面を渡る春風も、この日は、やさしく、穏やかで、温かかったにちがいない。

写真５　亀文句碑除幕式　中列左端が父・上村秀男、その右隣が恩師・多田莎平（昭和８年11月３日　難波八幡神社にて）

［父のこと〈3〉］

《第八章》

生と死の昭和十年代――妹の死、結婚、そして村やしろの神官へ。

1

どうしようもなくさみしいことを書かねばならない。

昭和十二年の晩春、満二十五歳の父秀男に、生涯ではじめての悲痛事が襲った。最愛の、たったひとりの、妹信子（写真1）をうしなったのである。

写真1　早世した秀男の妹・信子

急病死であった。

大正四年生まれで、三つ離れたこの妹は、父母の秀次・じゅん、そして兄秀男のあとを追うようにして、尼崎高等女学校卒業後の補習科一年をも修了して、すぐに地元の公立小学校の教員となって働きはじめていた。

しかるに、昭和十二年一月、ほんとうは意に染まないながらも結婚、退職。そのわずか数か月後に発病し、五月の末には息を引き取ってしまった。二十二年三か月の、短い生であった。

病状は、原因不明の突発的な痙攣性発声障害であったが、阪大病院に入院、いったんは回復をみながら、さいごはまったく意識の無いまま死に至った。

その妹の死に、兄はひどく打ちのめされた。

妹は兄を深く敬愛し、兄は妹を、自分よりもいっそう純粋な精神の持ち主のように、秘かに感じ取っていた。ふたりのあいだには、普通の兄妹という血縁以上の、親密な魂の交感が成立していたといってよい。

当時、武庫郡住吉村（いまの神戸市東灘区）住吉尋常高等小学校に勤務していた兄秀男は、この年の末に、年末賞与百円全部を使ってもまだ三十円足りなかったけれども、無念の死を遂げた愛する妹信子の鎮魂のために、B6版百七十ページの簡素な装丁の遺稿集『草の花』を出した。部数は三百部であった。

妹の遺稿は、随筆・俳句・短歌・詩・日記・書簡。それに有縁の者の追悼集を添えてある。

その追悼集のなかに、兄秀男が、妹信子に呼び掛ける調子の一文がある。「みじか夜」（写真2）という題である。すこし、引いてみたいとおもう。

信ちゃん、お前は覚えているかしら。いつだったたか、あの宮町［尼崎市南部］の妙光寺の筋向いに住んでいた頃だったと思う。お前が四つ、僕が七つ、あるいはそれよりももっと小さい時分だったかも知れない。ある晩、ふと眼をさましてみると、傍に寝ているはずのお母さんの姿が見えない。

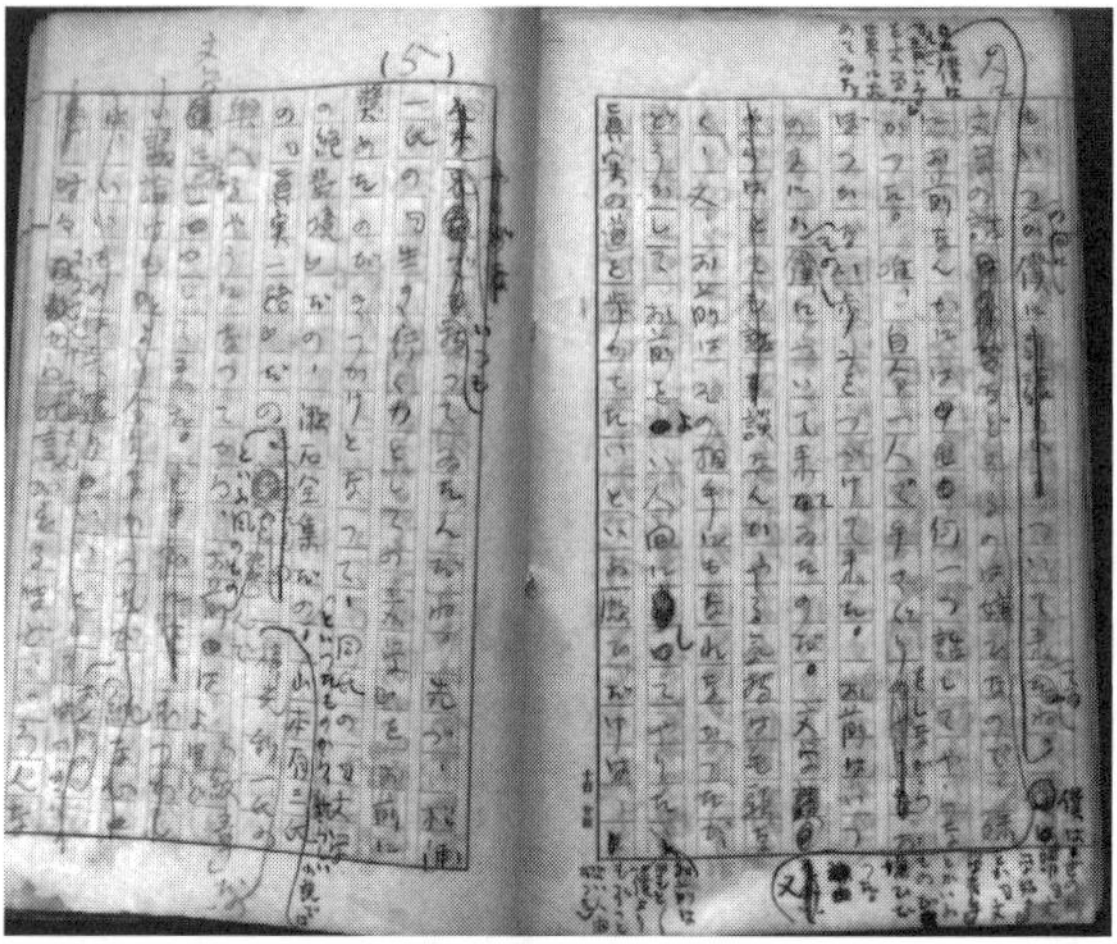

写真２　妹信子遺稿集『草の花』に収録された秀男の追悼記「みじか夜」の直筆原稿

お父さんもいない。女中もいない。しんとした家の中に僕はお前と二人っきりでいることが、たまらなく淋しくもあり、恐ろしくもなって来た。で、お前をゆり起こして、二人でお母さんを探し始めたね。お母さんは台所にも、庭にも、門ドにもいなかった。それでだんだん泣き声になってお母さんを呼び回った。夜更けの心細さが僕の胸をしめつけるようだった。とうとうはだしのままで表へ飛び出してしまった。

　そうして、人通りもない森閑とした夜道を、しっかり手を握り合って走るようにして歩いたね。［中略］二人は心細さと悲しさで一杯になって、とうとう泣き出してしまった。そうして泣きながら歩いているところへ、ひょっこりお母さんがあらわれた。

［中略］

みじか夜に母を探して泣き合ひし　三竿

お前の十日祭［仏式でいう初七日に当たる］の夜に、僕はほとんど一睡もしないで句を作ったり、いろんな思い出にふけったりしていた。これもその時に出来た句の一つだ。尽きぬ思い出の数々ある中に、あの夜のことが妙にはっきり浮かんで来たのだ。

信ちゃん、夜更けの道を二人が泣きながらお母さんを探して歩いたその姿は、そのまま二人のその後の人生を歩む姿だったね。真理を求め、幸福を探して、二人は茫漠たる人生の夜道を歩いてきたのだ。僕は、この句を作ったとき、メーテルリンクの「青い花」の中に出てくるチルチルとミチルの兄妹のことを思い出した。

わたしはむしろ、この父秀男の切々たる亡き妹への呼びかけの言葉を聴いて、宮澤賢治が妹とし子の死に遭遇して詠んだ「永訣の朝」から「噴火湾《ノクターン》」にいたる一連の詩のほうを、どうしても連想してしまう。しかし、父秀男は、若い日から晩年に至るまで、自殺した芥川龍之介のことにはしばしば言及しているのと対照的に、賢治のことにはあまり触れていない。ふしぎだ。

もっとも、この「みじか夜」は昭和十二年八月の原稿であり、賢治の詩や童話が一般に知られるようになるのは、もっとあとで、昭和二十年代以降のことに属する。

ああ何べん理智が教へても
私のさびしさはなほらない
わたくしの感じないちがった空間に
いままでここにあった現象がうつる
これはあんまりさびしいことだ
（そのさびしいものを死といふのだ）
たとえそのちがったきらびやかな空間で
とし子がしづかにわらはうと
わたくしのかなしみにいぢけた感情は
どうしてもどこかにかくされたとし子をおもふ（「噴火湾」）

詩人・童話作家で教師でもあった宮澤賢治も、教師で俳人・神官でもあった父秀男も、「死というさびしいもの」を生涯の主命題として認識するほかはなかった点では共通していたといえるであろう。遺稿集『草の花』の扉の裏に父が掲げた歌を、わたしもまた、掲げよう。

かたはらに秋くさの花かたるらく
　ほろびしものはなつかしきかな　　若山牧水

「みじか夜」は、つぎのような呼びかけで終わっている――

信ちゃん、僕はお前の再生を信じているよ。お前がなくなってしまうなんてことはないよ。「青い鳥」の思い出の国でのお祖父さんやお祖母さんがいっているね。「お前たちが思い出してくれるとき、いつでもわたしたちは生きているのだよ」と。思い出すも出さぬもない。僕の胸の中には永遠にお前は生きているのだ。僕だけでなく、お父さんやお母さんや、その他の親しい人達の胸の中に、お前は愛らしく、清く、いつまでも生きているんだよ。そう思えばこそ僕の心は救われる。信ちゃん、しかし、やっぱり淋しい。二人でお母さんを探し回った夜のことが又思い出されてくる。チルチルとミチルのようだったと思う。だが、「青い鳥」はまだみつからなかったように思うね。

信ちゃん、逢い難き人生にうまれ合いながらお前はあまりに早く逝ってしまった。

ミチル役を失ったチルチルの僕は、今、大きな寂寥と空虚をどうすることも出来ないでいる。

〈一二・八・九〉

2

昭和十四年の歳末、父秀男は、兵庫県川辺郡宝塚尋常高等小学校での同僚教師菊元政子と、多田莎平夫妻を仲人として、尼崎市西本町の琴秋閣という公営迎賓館のようなところを式場に結婚式を挙げた。父二十七歳、母二十三歳であった。

すでに述べたように、昭和九年の室戸台風の惨禍のなかで起きた「校長による美談偽作問題」――そこにおいて、正義感に燃えて反校長派の急先鋒に立った父は、翌年の人事で住吉校に飛ばされた。その住吉校は折から、綴り方教育の研究指定校になっており、父は持ち前の力量を発揮して、はりきっていた。ところが、その研究指定の年限が切れると同時に、もともとソリが合わなかった校長から、いきなり宝塚校への転勤を告げられたのである。

尼崎のときは、あらかじめ覚悟ができていた。しかし、住吉校でのこの左遷人事は、不意打ちであった。自分には一点の非もない。よし、見ておれ、いずれ立派な教育者になってみせよう。

春霙《みぞれ》鉄火の闘志われにあり　三竿

ところで、わたしの父母の結婚の事情は、詳しくは述べないが、双方ともに相当に困難を極めたものであったらしい。

宝塚校で、父は高等科男子組の担任、母がまた高等科女子組の担任で、トシ格好からいっても親密な男女の関係が成り立っても、何らふしぎはなかった。高等科は男女それぞれ一クラスであった。当時、学校内での恋愛はご法度であったろうが、校長はよくできた人物で、見て見ぬふりをしてくれた。

さてそれで、ほんとうに惚れたのは母のほうであった。どうも「面食い」の傾向がある菊元先生は、男前で、清潔で、実力ある上村先生にぞっこん魂を奪われてしまったもののようである。苦手な教科をお互いで補い合った。

二人だけになれる機会もあった。学校のすぐ近くで下宿生活をしていた上村先生のところへ手紙を届けたり、すこし歩いて武庫川の土手の松並木の下で話し込むことも出来た。

しかし、菊元先生は、有馬郡八多町（現神戸市北区）のやや大きな農家の長女で、家を継ぐべき立場にあり、養子縁組しか、親は考えていない。一方、上村先生側では、たった一人の娘を死なせて間もないのに、息子を養子に出すなど、とても承知することが出来ない話であった。

結局、中に入るひともあって、菊元先生は、上村先生のほうへ嫁ぐ。

が、わたしにはよく分からない。愛媛女子師範を出て、優等生でしっかり者だが、美人でもなんでもなく、気が強く、からだが弱い菊元先生を、上村先生は、なぜ、嫁にしたかが分からない。これまでに「しかるべき」ひととの縁談話をいくつも断って来たのに、だ。

しかしそれが、このごろ、なんだか了解できるような気がしている。

父はつまりは、亡き妹の代償をこそ求めたのだ、と。

あの「大きな寂寥と空虚」――どうしようもない胸の底の淋しさ、それを慰め、埋めてくれる対象が欲しかったのだ。そうにちがいない。そういうときに、たまたま母が目の前に現れたというにすぎないのではあるまいか。

その結婚が錯誤であったというのではない。それはまちがいなく二人の希願の成就であった――一瞬のあいだだけは。

初夜から、父ははげしい喘息の発作に見舞われた。新婦は新郎にそんな病気があることをまるで知らなかったので、ひどく驚いた。また、新居となる尼崎市西字栄地（現大庄西町）の、阪神武庫川駅の近くの借家は、広い庭付きの農家であったが、新郎の両親と同居であった。同居自体は当時では当たり前のこと。だが、その義父に少なくはない借財があることを、これまたまったく知らされていなかった。

多難の船出であった。

結婚を機に、尼崎市の大庄第二尋常小学校へ移って勤務していた新郎は、やがて胸部疾患のために長期休職のやむなきに至り、さらには退職に追い込まれる。そのころの学校は、半年しか病気休職の期間が認められていなかった。それをオーバーしてしまったのである。

母じゅんはすでに定年（五十歳）で小学校教師の勤めを退職して家にいたし、父秀次はあいかわらずの「せんみつ」――千のうち三つ当たるか当たらないか――といったヤクザで不安定な不動産仲介業のようなことをやって、事業がうまくいかないと、妻や息子の恩給、給料まで抵当に入れてしまう始末であった。金が入ったらパッと使ってしまう。

新婦は、窮余の策として近所の子供に習字や勉強を教えて、必死で家計をやりくりした。次章でこのことは書く。

3

昭和十六年の盛夏、父秀男は、神職の資格を取得するため、兵庫県皇典講究分所（現在の兵庫県神社庁）主催の、四週間という長期にわたる講習を受講している。講習の名称を「神社祭式祝詞作文教習科」という。会場は神戸の生田神社と湊川神社。いよいよ、神官への道を歩み出したのである。

といっても、学校教師たる自分を捨てたわけではない。父の思考と行動の中では、教育と文学と宗教（父にとっては、神道ということ）とは、つまるところ、おなじ「求道者ないし至誠の道」の上での出来事であると、認識されていたからだ。

しかし、時代はまさしく、太平洋戦争がはじまる直前に当たっていた。いわば、時代が、父に神官となるべく求めていたといっても過言ではないであろう。

じっさい、翌十七年の春には、尼崎鎮座の小さな村やしろである水堂須佐男神社の神主さんに、出征兵士の奉告祭（必勝祈願・武運長久の祈願）をしてもらいたいとの当地の氏子総代の強い要請をうけて、就任している。

そのまえに、いま述べた夏期講習受講中の、かなり詳細な父の日記が、さいわい現存しているので、すこし抄出したい。

途中出てくる［　］内の言葉は筆者の注釈である。

〈八月一日（土）〉

明日から皇典講究所の講習が始まる。講習は講習自体が独立した立派な生活でなければならぬ。まじめに、すなほに講習を受けよう。四週間の己れの生活のすべてを講習に捧ぐべし。

物を習ふといふことは、いいものだ。稽古事は人間を鍛へるのである。自分は去年の講習中、病気になり、今年、又受講することになったが、これは同じことを二度習ふのであって、自分の為には非常に良いのである。

五月以来の病気、妻の懐妊、家兄の出征、父の神社奉仕、自分の休職、講習……すべては神の御心に依るのである。これは、自分に与えられたる運命であって、しかも、自分にとって最善唯一の道なることを思ひ、たとへどんな危難困厄に際会するも、喜んで突進すべきである。

〈八月二日（土）〉

朝四時半起床。今日から皇典講究所の講習が始まる。自分が生田神社に行ったときはまだ誰も来てゐなかった。

神戸へはよく行くが、生田神社は初めてである。立派な神社である。官幣中社。祭神は稚日女尊（ワカヒルメノミコト）。神功皇后征韓御凱旋の砌《みぎり》則ち摂政元年春二月祀らせ給ひし古社である。生田の森は源平合戦・湊川合戦の古戦場として有名なる史蹟である。順徳院御製に、

秋風にまたこそ訪はめ津の国の
生田の森の春のあけぼの

とある。分所長訓示（代読）、注意事項、講師和田、太田、阿部諸氏、県社寺課、箱木、小西氏等の紹介があって、直ちに講義に入る。祝詞購読加藤講師。

昼食前、班長指名、自分は第二班の班長なり。午后、祭式、和田講師。うす暗く暑い会場（儀式殿）の故か、講義は昨年に比して、やや生彩を欠くやうだ。しかし、和田氏は真に神職らしい神職である。この人の講義の裏付づけなる人格の点に於て高く買はるべきである。

夜、西宮和田文集堂に行きしに、定休日にて店閉まり居り、大阪日本橋に行き、書店十軒ばかり歩いて、『祝詞新講』（次田潤著）『神拝と神まつりの作法』（吉成英親著）『神職便覧』等買ふ。

〈八月六日（水）〉

まことに日に新に、日々に新に、又日に新たなる心境を以て、道を求め、道を行ふべし。

祝詞講義（加藤講師）『出雲国造神賀詞《いずものくにのみやつこのかんよごと》』を終る。祭式（阿部講師）坐体、立体、坐起……進む起座、進む着座、退く起座、退く着座一通りやる。けふも暑い。帰途、中川・青木・山本宅に寄る。

夜、月まろし。吹く風は秋の近きを思はしめる。

父母は祖母やゝ弱り居れるを以て、難波で泊る。父母は本来なれば難波の家に住むべきである。

父は戸主で、祖母既に老衰を加へつゝある昨今、二男である自分の家に住んでゐるのはどんなものであらうか。親類の中には、へんな考へで眺めてゐる者もあるらしい。自分は親類の思惑などいちいち頓着しては居られない。正しく、強く、生き抜くだけだ。

天涯孤独の浪人となって、真実に生きて行くのもよいではないか。一清以て天下を化するの気概あるべし。神明に奉仕しつゝ心を耕してゆくのもよいであらう。

上村秀男よ、お前の活躍はこれからだ。お前らしい本領を発揮して、百二十点主義で、全力的生活を送らうではないか。真に男らしく生き抜いて行かうではないか。どんなことがあっても弱音を吐くな。輝やかしい奮闘の一生を送らうではないか。

〈八月十五日（金）〉

暴風雨が案ぜられてゐたが、この地方はうまく外れたらしい。雨は降ったり止んだり、風は強かった。後藤講師、差支えある由にて来られず、一同「武運長久祈願祭祝詞」を作って提出す。十時すぎより、和田講師の『祓《はらえ》』に関する講話あり。この人の話は聴者の胸に食ひ入るものがある。人格の然らしむるところであらう。午后、祭式練習（太田、安部講師）雑礼の内、屈行・膝行・進行・叉手・拱手・逡巡・動座等に就て説明並に練習あり。又、祭祀奉仕者の心構に就て教示ありたり。修了午后三時十分。明日より会場は七生館《しちしょうかん》（湊川神社）に変るので、荷物を持って帰る。

〈八月十六日（土）〉

天気が回復すると、又暑くなった。けふから湊川神社の七生館で講習を受けることとなった。けさは少し遅刻した。

祝詞作文（後藤講師）「県知事以下例月参拝祈願詞」「大政翼賛会神戸市支部結成奉告祭」「随神道宣揚祈願祭祝詞」の三篇の祝詞を紹介せられて後、軍事、農業、商業、工業関係の神名に就て説明あり、又、現行の祝詞に就て解説せらる。午后、祭式科（太田・安部講師）けふは祝詞奏上のうちの一、軾《ひざつき》後取《しどり》の作法、二、祝詞後取の作法に就て練習する。七生館道場は広くて気持ちがよい。柔道場用の畳が敷いてあるのは、伊中［県立伊丹中学］柔道部時代を思ひ出させた。帰途、元町の書店をのぞく。「宮本武蔵」［吉川英治著］第二巻をかふ。

けふは難波の湯立て［夏祭り］也。夜十一時すぎまで読書。

〈八月二十日（水）〉

祭式科（太田・安部講師）午前中、玉串奉奠《ほうてん》に就きて、午后は、開扉閉扉に就きて練習す。午后三時より有志者の特別練習あり。夕立が降りさうなので自分は早く帰る。帰宅后、雨が降りはじめた。祭式の芸術的妙味がこのごろ少し判って来た。神社並に祭典は素晴らしい綜合芸術だ。祭式作法をやってゐると、心がしんと澄んで来て、わが真心は神のみ知り給ふ、忝し、といふ気持が湧いて来るのである。

能や茶や剣や禅に通ずるものが、祭式作法に在るのである。心身の修養には非常によい講習を受けたと思ってゐる。あと、わづかになって来た。大いに頑張らう。百二十点主義で奮闘すべし。

「宮本武蔵」をよんで色々教へられるところがある。吉川氏の描く武蔵は、自分との闘争にも生命を賭してゐる。三竿よ、先づ汝と戦へ。自分との闘い——自分を鞭つこと——こそ、緊急のつとめである。悪い奴は自分だ。自分を愛するな。

〈八月二十三日（土）〉

二時頃早くも眼がさめ［昨晩、喘息発作のため］、よく眠れず、四時前に起床。

祭式科（太田講師）奉幣行事及び祓式作法に就て説明の後、祓式の練習あり。自分の祓主作法は「本職の及ばざるところ」と激賞して呉れた。

〈八月二十六日（火）〉

学神祭の予行演習の斎主を勤め、かなり疲れた。夜、四〇度二分。

〈八月二十七日（水）〉

検定試験第一日。祝詞作文、購読、祭式学科の三学科なり。いづれも一番早く書いて出した。発熱四〇度三分。

〈八月二十八日（木）〉

検定試験第二日。祭式の実地なり。

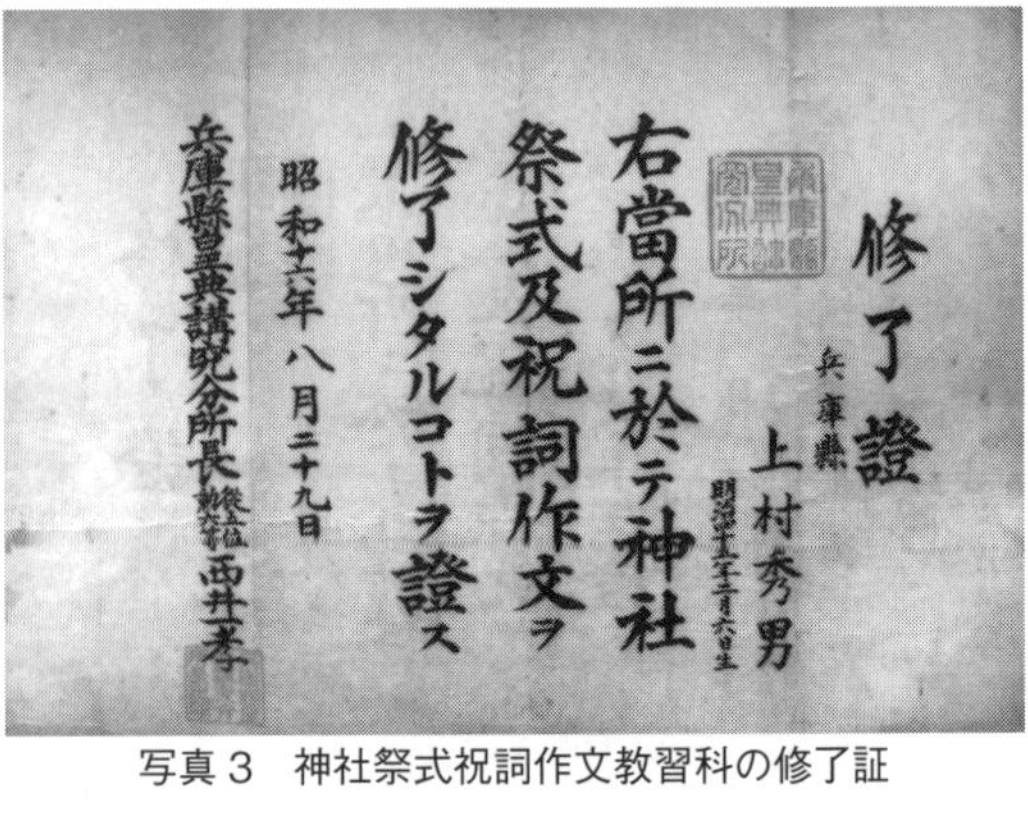

写真３　神社祭式祝詞作文教習科の修了証

午后、発表あり。自分は一番である。

発熱三十九度三分。

〈八月二十九日（金）〉

午前九時より奉告祭。自分は代表で玉串を奉奠した。続いて終業式学神祭。自分は証書授与の際代表として出た。終って、茶話会。自己紹介等した。帰宅午后二時。発熱三八度四分（写真3）。

4

息が詰まるような、必死の受講記録といわねばならない。その記述の合間には、『葉隠』『孔子』『菜根譚』、それから西郷南州の詩、ヒットラー『わが闘争』などからの長短の引用句が挟まっているのだが、すべて割愛した。

それにしても、と「七十五点主義」ぐらいな、暢気で楽観的でずぼらな息子のわたしは思わざるをえないのだ——父上村秀男というひとの人生は、なぜ、いつもこう必死な登攀《とうはん》のすがたに似ているのだろうか。どうしてこんなにも厳しい自己鍛錬の調子で貫かれているのだろうか、と。

このころ、父の「家兄《かけい》」はすでに外地（釜山《プサン》）に出征していて、十歳ほどトシの離れた弟は軍隊に入営、やがて新天地を求めて満州へ渡ろうとしている。しかもこの三兄弟の仲は、詳しくは書かないが、決して良好とは言い難いのであった。

最も親愛していた妹は、もうこの世にいない。

そうした時代と家族兄弟がもたらす困難な諸事情の只中に身を置いて、ただでさえ糞がつくほど生真面目な性格の持ち主なる父秀男は、その身の処しように迷っていた。不甲斐無くも病気休職中のわが身のほんとうの置き所、落ち着け場所を探しあぐねていた。

そんなところへ、人生最初に人の親となる瞬間と、「有史以来の大戦争」（十二月八日の父の日記の言葉）となる瞬間と、難波八幡神社の兼務社のひとつで、社掌（宮司）である「家兄」の承諾を俟って自分が水堂須佐男神社の社掌となる瞬間とが、相次いで、踵を接するようにして訪れる時がやって来たのである。長男忠男は太平洋戦争勃発の前日に産れた。

父秀男は、ようやく、生涯を賭けた最大の転換期を迎える。

三十歳になんなんとしていた。

しかし、これまた容易ならざる「転機」となる。そしてこの原稿の主題からいえば、一人の悲劇の神官の誕生に立ち会うことになるのである。

ちなみに、わたしがここで父のことを「神官」という呼称を使っているのは、語呂がいいこともあるが、それよりも何よりも、神職は〈民〉ではなく、まさしく〈官〉——つまりはいわば公務員であったからだ。村やしろだからわずかな額であったが、俸給をもらっていたのである。「国家神道」が生きていた、少なくとも日本の敗戦までは。

写真４　兵庫県皇典講究分所神社祭式祝詞作文教習科終了記念　中列左から３人目が父・上村秀男（昭和16年８月29日　神戸市・湊川神社にて）

《第九章》

村やしろ神職の戦時経済事情——母の家計簿から。

［父のこと〈4〉］

1

写真１　戦中戦後に母政子がつけていた家計簿

わたしの母は、おととし（平成二十五年）の春五月に満九十七歳という長寿をまっとうし、老衰のようなかたちで亡くなった。死因は肺がんであったけれど、自覚症状といえるものは、ほとんどなかった。

その母は死後に、中途半端な——つまり遺産相続争いにいちばんなり易い、いや現にそうした事態を惹き起こした額の——預貯金や、いまや袖を通す者もない、でも上等な大量の着物や、大型のスチール棚ぎっしりの海外旅行のアルバムなどを、遺言なしに遺してくれた。詳細な自分史年譜のようなファイルもある。

しかし、わたしが母の遺品のなかで、最も素敵で貴重だとおもうのは、母が結婚当初の昭和十五年四月から戦中戦後に渉って、昭和二十三年十二月までつけていた家計簿である。（写真1）

それは、合計七冊ある。母の死後、雑多な書類棚の奥の文箱の中から、日記・手紙などともにわたしが見つけたものであるが、背表紙にシールをはって年代が分かるように、きちんと整理されていた。いかにも整理好きな母らしい。「永すぎた春」という小説が三島由紀夫にあるが、その題名をもじっていえば、「永すぎた老年」のつれづれに為された仕業であろう。

けれどもそれはいま、この神職累代記にとって、きわめて大切な、生な、直接史料としての意義を持って、七十年も八十年もの歳月を経て新たに甦るのだといってよい。ひとは立ち去り方、死に際も難しいが、死後にモノを遺す、その遺し方もまた難しいものである。

この母の家計簿は、母の手柄であり、時代の証言である。

わたしの父は、昭和十七年四月十五日付けで、

兵庫県尼崎市水堂村社
須佐男神社社掌ニ補ス
六級俸給與

という証書を、兵庫県から授与されている。（写真2）神社界の内部組織からではない。国の行政機関兵庫県からである。つまり、この当時は、尋常小学校の訓導（教員）もそうであるように、社掌（宮司）も公務員なのであった。

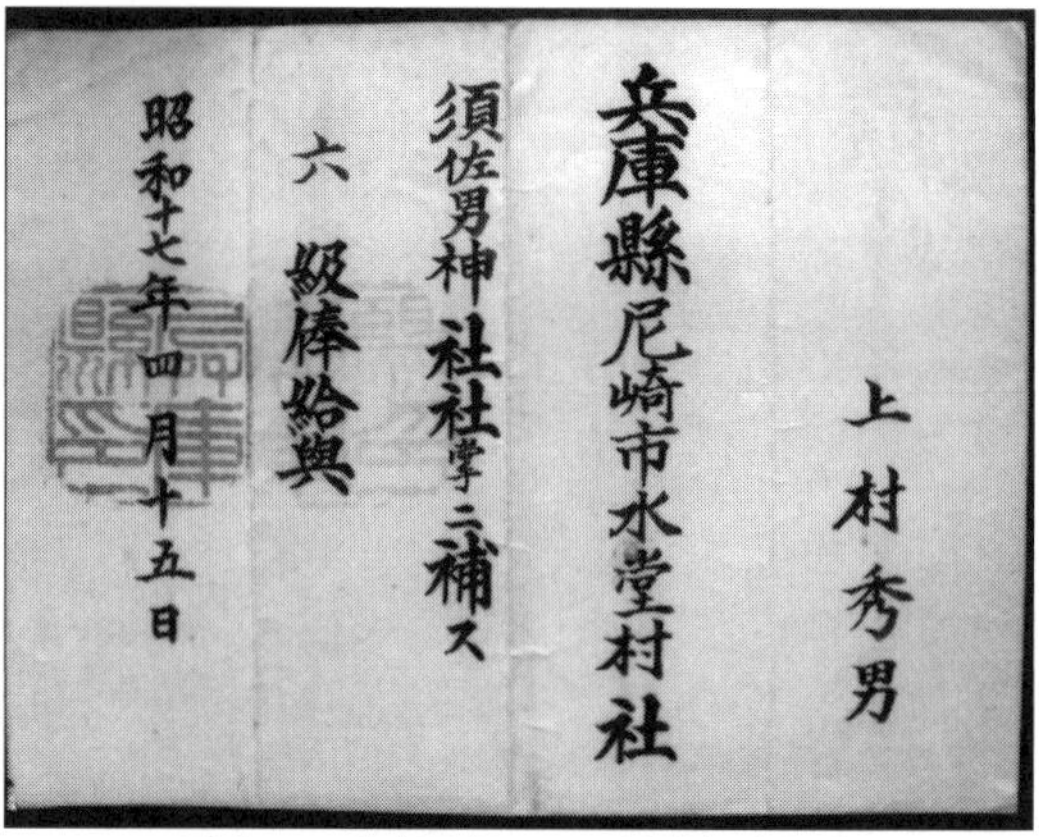

写真２　兵庫県印のある社掌任命証書

ところで「六級俸給」とあるが、どれくらいの金額なのだろうか。父はどこにもそれに触れて書いていないが、それが、主婦なる母の家計簿によって判明した。水堂村のささやかな、まだ社務所もない村やしろへの社掌（宮司）就任の辞令は四月にでているけれども、「俸給」の支給は八月からであったようだ。

月額、六十円五十六銭とある。

この金額は安いのか、高いのか。

『値段の明治大正昭和風俗史』（朝日文庫）という本を見ると、当時の小学校教員の初任給が、昭和十六年で五十〜六十円。銀行員の初任給、昭和十八年七十五円であった。これからすると、三十男の父の「神職月給」は、神職としては確かに「初任」ではあるが、世間の相場からは、かなり安いものであったといってよいだろう。

とはいえ、神職——神社の神主さんとか、寺院のお坊さんというのは、普通のサラリーマンとは社会的立場も経済的な基盤も、文化的背景や歴史的事情も、すべて異なっている。その特殊性を当事者が、どれほどの程度と水準において認識し自覚しているかということは、とりあえず別にしても、である。

たとえばいま、昭和十七年八月のわたしの父母たちの家庭（祖父母・父母・子供の五人世帯）の経済事情という実例で示せば、その収入源は月給だけではなかった。不安定極まりないものであったとしても、いわば、副収入があったのである。

2

具体的に、昭和十七年八月の、母がつけていた家計簿の収入欄だけをとりだしてみることにする。

一日	サイセン	九十銭
三日	野草、篠田	十二円
四日	主人より	十円
	田中指導料	十六円
	御礼	五円
五日	地鎮祭	三十円
	御供	一円
	サイセン	一円七十銭
七日	兵隊	一円

八日	サイセン	八十六銭
	サイセン	一円二十銭
	宮まゐりお供	三円五十銭
十日	永田宮まゐり	二円
	逆瀬川父より	五円
十二日	貯金払出	十五円
十三日	主人より	五円
十五日	松本町内会	一円
	サイセン	三十八銭
	サイセン	五十七銭
	川崎指導料	六円
十六日	父より	五円
	サイセン	二円二十四銭
十七日	貯金払出	十五円
	利子	五円
十八日	逆瀬川ヨリ	二円
	上棟式	十円

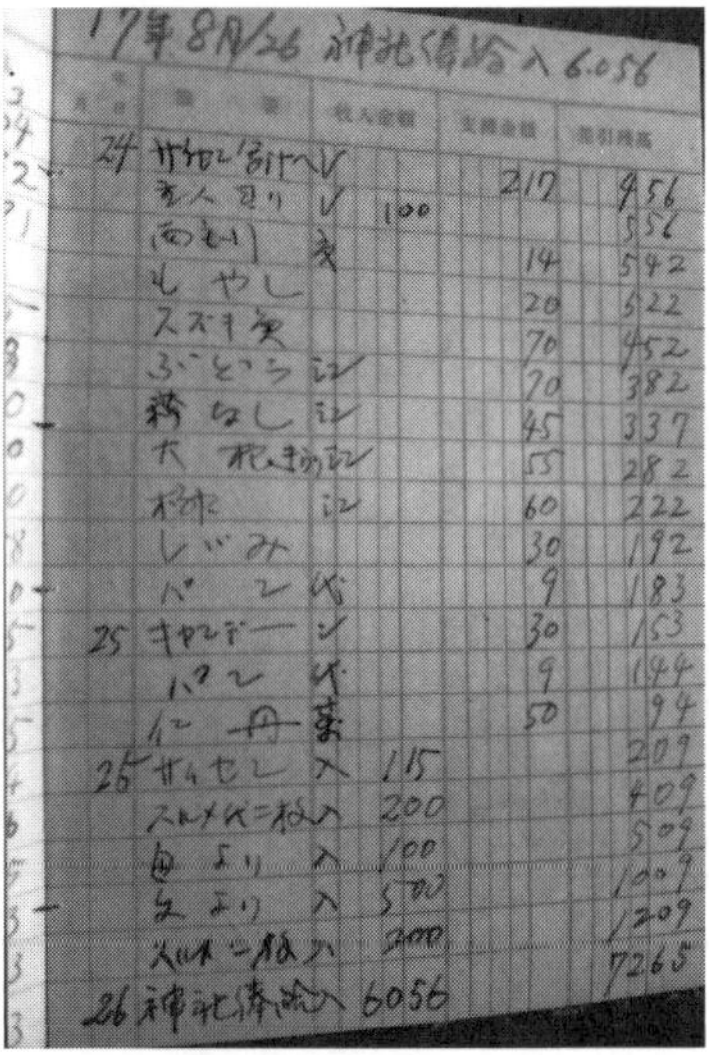

写真３「神社俸給」の記載のある家計簿
（昭和 17 年８月）

十九日　中川指導料　十円
二十一日　サイセン　一円三十二銭
二十四日　主人ヨリ　一円
二十五日　サイセン　一円十五銭
スルメ代二枚　二円
母より　一円
父より　五円
スルメ二枚　二円
二十六日　神社俸給　六十円五十六銭
学校俸給　二十八円五銭
二十九日　青木様御礼　十円
三十一日　田中指導料　十六円　（写真3）

二十六日に「神社俸給」と並んで「学校俸給」とあるのは、病気休職中の尼崎市立大庄第二尋常小学校から、このころは月給の四分の一に減額された休職手当が支給されていたからである。そして、「中川指導料」とか「田中指導料」というのは、前章ですこし触れたように、近所の小学生を生徒に、母は書き方教室を自宅で開き、父も全般的な教科を教えていた様子で、その月謝のこと。この月謝と学校からの給金が、ほどよい補助収入になっていたらしい。

しかし、ひと月のうちに二度も「貯金払出」をし、「逆瀬川」——当時、宝塚のこの地に母の実父母が住んでいた——からも、いささかの生活費援助をうけていたもようであるから、日々の暮らしはけっして楽ではなかったとみてまちがいない。

事実、「差引残高」がマイナスになった日が、この月、三度もあるのである。

神事として、めずらしく地鎮祭と上棟祭を頼まれて斎行している。神社のすぐ近所に、東方精機・立花金属・東亜バルブなどという製造会社（このころは軍需工場）が、田畑や住宅地にまじって存在していたので、おそらくはその方面からの仕事であったろうと思われる。

「サイセン」が一日のうちに二回あるのは、賽銭箱からその日は二度、引き出したからである。

ところで、奇妙な記述が七日にある。


「兵隊　一円」


これは何であろうか。

わたしは母の家計簿のなかに、この記述をみたとき、最初は目晦ましにでも遭ったように、言葉の意味がわからなかった。が、一瞬ののちに諒解することが出来た。

「兵隊」はこれから戦場へ出かけて行く「出征兵士」のことで、父はその兵隊とその家族親族知人らを拝殿に招き入れて、「武運長久・必勝祈願」の祝詞を詠みあげた。その祈祷料が「一円」という現金収入として記載されているのだ、と。

天皇陛下のため、お国のため、愛するわが日本のため、しっかり戦ってきてくれ、りっぱに死んできてくれ。われわれは銃後の護りに就くから、安心して、喜び勇んで出立せよ……。

そういう祝詞を詠んで、金銭をもらっていた。それが、戦時の父の、ひとつの神職としての姿であった。

その場合の祈祷料は、どうやら決まった額ではなくて、「お気持ちだけいただければ――」とか「おこころざしで――」とかいって、相手次第というか曖昧であって、昭和十八年の家計簿では、一円五十銭、二円、三円、五円とさまざまである。そして、祈祷を受ける人間の数も増えて行く。たとえば、昭和十八年九月には、ひと月にじつに十五名であった。（写真4）

3

それでは、昭和十七年八月の支出の方はどうであったか。

十円を越すような大きなものは、広い農家の一軒家の家賃が三十円、「月掛貯金」がおなじく三十円で、いちばん高額である。あとは、「着物代」「国民貯金」「石けん粉」が、それぞれ十円となっている。

定期的な読み物が、四種ある。「朝日新聞」と「サンデー毎日」と「主婦の友」と「俳句研究」。値段は、順番に新聞とサンデーで一円九十五銭、主婦が五十銭、俳句が五十銭。父はほかに、随時、書籍を購入していた。

それにしても、戦時中の庶民生活における物価など、もうほとんど記録も記憶も薄れ果てている。せっかくだから、いま述べた以外の、食費を中心とした細かい日常出費も、母の家計簿の記載に従って、掲げておきたい。数量の記入はほとんどないが、五人家族（大人四人、赤ん坊一人）のものである。

昭和十七年
八月二日　西宮行十四銭、野菜四十三銭、果物四十四銭、くぢら八十五銭、えび七十五銭、こんにゃく十銭、玉ねぎ十銭、パン九銭
四日　ビール八十八銭、スシノモト六十銭、胡瓜三十六銭、榊五十銭、わさび五十銭、モモ四十銭、玩具五十五銭、ごぼう・うり六十銭、のり一円十銭、昆布一円、西宮行十四銭
六日　ぶどう酒三円十一銭、たこ六十銭、果物二円五十銭、パン九銭、のり九十銭、キャンデー五十五銭、南瓜二十一銭
七日　ナニハ行往復十四銭、木の葉六十銭、氷水十銭、榊十銭、茶菓子一円、御紋菓一円四十四銭、ナス・トマト二十一銭、パン九銭
八日　主人貯金五円、忠男貯金五円、会費三十銭、トフ・アゲ五十四銭、切手・ハガキ五十八銭、トマトケチャップ三十銭
九日　米三円四十銭、そうめん一円十五銭、パン九銭、福神漬五十銭、ネギ六銭、ロールキャベツ二十五銭、下駄ハナオ九十二銭
十日　逆瀬川往復五十六銭、野菜五十銭、着物代五円、牛肉二百匁三円二十銭、ビール一円

十一日　六十八銭、サイダー二十二銭、パン九銭
十二日　パン九銭、シャク三十銭、キャンデー十二銭
　高野とふ三十銭、キャンデー三十銭、忠男散髪三十銭、茶（お供用）二円十銭、塩十二銭、パン十二銭、主人へ五円
十三日　母へ十円、主人へ一円五十銭、桃三十三銭、パン九銭
十四日　イモ六十銭、山本へオタメ五十銭、キャンデー十五銭、ナシ十五銭、オモチャ十二銭、パン十八銭
十五日　今井医院へ二円二十銭、子供菓子三十銭、砂とう七十三銭、保険四円二十銭
十六日　生菓子三十二銭、川崎オタメ五十銭、酒二円三十銭、キャンデー十五銭
十七日　米四円二十七銭、主人へ五円、ミルク（三）六円十二銭、メリケン粉十六銭、シホ四銭、キャンデー十五銭
十八日　電車二十八銭、パン九銭、コブ茶二十一銭、手バタ二十五銭、電気四円六十一銭
十九日　電車大阪行五十四銭、アイスクリーム八十二銭、パン九銭
二十日　キャンデー三十銭、スシ五十銭、ハガキ二銭、パン九銭、油一円二十二銭
二十一日　育児ビン三十七銭、ちり紙四十八銭、うり八十銭、小アヂ五十銭、サンマ三十二銭、線香三十八銭、キャンデー七十五銭、写真一円十二銭、ミルク（二）四円八銭
二十二日　キャンデー二十一銭

二十三日　キャンデー二十一銭、ブドウ三十銭、白着物クリーニング七十銭
二十四日　サイセン会計へ二円十七銭、西宮行十四銭、もやし二十銭、スズキ魚七十銭、ぶどう七十銭、なし四十五銭、大根・キウリ五十五銭、榊六十銭、しゞみ三十銭、パン九銭
二十五日　キャンデー三十銭、パン九銭、仁丹五十銭
二十六日　主人へ十円、母へ十円、ハモ五十銭、仁丹五十銭、豆腐五十四銭、なし一円
二十七日　大阪行五十四銭、薬代一円六十銭、福神漬五十銭、ケチャップ五十銭、日本文化協会三円、互助会三円、郵料九銭
二十八日　米代四円八十二銭、キャンデー三十銭、生菓子三十銭、パン九銭
二十九日　西宮行十四銭、砂糖九十四銭、あぢ一円五十銭、木炭二円四十銭、わさび四十五銭、オムツカバー一円八十四銭、むしろ代六十五銭、パン九銭、婦人会貯金一円、フロ二十銭、イチゞク二十銭、ブドウ三十二銭、キャンデー三十銭、パン・コーヒ三十銭
三十日　西宮行十四銭、宝塚往復四十二銭、寿司の素五十二銭、ちくわ四十銭、ふろ十七銭、パン九銭、大根・にしん・梨六十四銭、いちゞく一円、まんじゅう五十銭、ソース二十八銭

4

たとえば、燃料費の木炭と育児衛生費のオムツカバーと主食代用品費のパンと嗜好品費のキャンデーと食費のあじとが、一列に並ぶ——それが、日常の家庭生活の経済であり、人生の一日の実際なのだ。そういう当たり前だが不思議な感慨が、こうして若い日の母の家計簿を書き写していると胸の奥から湧き出てくるのを禁じえない。これは「兵隊　一円」などという記入を取り除けば、戦時も平時もない。ただの貧乏神主の家庭の事情が透いて見えるだけである。当時の一銭は、いまの十円くらいだろうか。

なお、母は燃料費なら「燃」、育児費なら「育」、収入なら「入」、貯金なら「貯」というように、いちいち収支項目をも記入しているが、そこは煩雑なので省略した。もちろん、原簿は横書き、算用数字である。

それにしても、母はもともとが理数系のアタマとセンスの持ち主であり、国語の綴り方（作文）など大の苦手で、のちに国語教師になった叔父に代作してもらって、それを学校の試験答案として提出したというから、笑ってしまう。それでよくも、根っからの国語好き、文学志向の父と「つりあい」が取れたものである。いや、けっきょくはそれが取れなかったように思えるのだが、いま述べたいのはそのことではない。

この母の家計簿を眺めていると、戦時中の一家族の暮らしぶり、台所事情、財布の中身がよくわかるのであるが、それとともに、日々の食事の献立というか内容が、目に見えるようだ。そして、けっこうよく考えられてもいるのではないかと、わたしでも感じられる。

質素な暮らしぶりのなかで、娯楽など皆無のような日常のなかで、それでも食べる物には気を配っていたのであろう。

しゅうと・しゅうとめと同居し、病気の夫を支えるべく家庭教師の内職をし、授かったばかりの子供を育てながら、日々の食事に腐心する――そんな若い日の母の姿が、髣髴とするのである。

昭和十六年一月十八日、二十五歳の母は得意を活かし、主婦の友社主催の「二月の献立カレンダー」懸賞募集に応募して、佳作当選している。そういう女性であった。

ちなみに、賞金は十円であったという。

以上、この章で述べた経済事情はあくまでも神官一家のはなしで、「神社会計」はまた別個に存在する（写真5）。父と戦中戦後の神社との関わりに触れては、章を改めて考えねばならない。

写真4　31歳の新任神官上村秀男
水堂須佐男神社にて（昭和18年4月）

写真５　戦前期の水堂須佐男神社歳入歳出簿
（昭和 15 年度）

《第十章》

悲劇前夜――ふたりの子の親、新社務所、そして戦局悪化。

［父のこと〈5〉］

1

昭和十年代後半のはなしをする。

この時代あたりの記述から、明治四十四年（一九一一）十一月六日生まれの父秀男の後半生と、昭和十八年（一九四三）二月二十八日にこの世に生を享けた息子（次男）のわたしの生育過程というか、生活歴とが、ようやく相互に重なるようになる。この事情は、昭和十六年十二月七日生まれの兄忠男（長男）においても、同じことが言える。

父の『自伝』に、いわく――

とても難産であった。産婆さんの手に負えなくなり、母が懇意にして頂いた南川病院の院長先生に来て頂いて、看護婦さんと産婆さんが付き切りで、何回もの激しい陣痛の末に、やっと鉗子《かんし》で引き出して、無事長男出産。「オギャァ」というぶ声が聞こえたのは七日午前六時四十分、漸く朝日が出ようとする時刻であった。

体重四〇〇〇グラムという大きな赤ん坊であった。一週間に亘る激痛に堪え抜いた妻は、今は安らかに昏々と眠りに落ち入った。

冬日ざし生れし子すぐに眼をあくる　三竿
生れし子の枕許まで冬日ざし
父となり子となり座る冬座敷

そのときにできた句である。

忠男と命名した。忠男のうまれる前夜、私は手の指が六本ある赤ちゃんができた夢を見たのであるが、何よりも五体満足であることが有難かった。生命の誕生とは、何という厳粛な事実であろうか。それは、いくら驚いても驚き足りないほどであった。日に日に育って行く赤ん坊の様子を見るにつけて、私には、この神秘は神の為し給うわざであるとしか思われなかった。同時に、療養失意のどん底で父となったことの感慨は深く、かつ複雑であった。

無事に長男誕生という喜びに浸る間もなく、その翌日は太平洋戦争開始の大詔が渙発せられた。


しかし、次男ともなれば、記述がごく簡略になる。

……二月二十八日には、次男（武男）がうまれた。忠男のときのような難産ではなかった。水堂の村の倉田さんという産婆さんのお世話になった。

梅白し南洲に似るまなざしよ　三竿

という句ができた。当時、私の傾倒していた西郷南洲のような、つぶらな瞳をもった赤ちゃんであった。

私たちは早くも二児の親となったのである。

これだけである。俳句も、ひとつだけ。しかも、この「水堂の産婆さん」云々の個所は、事実と違っている。戦後の昭和二十二年に生まれた妹のときのことを、父が勘違いして述べているのだ。わたしは兵庫県武庫郡大庄村西字南川端六二八の「寺原イチ」という産婆さんに取り上げてもらっている。よほど賢明な父でも、こんな〈うっかりミス、誤認、記憶違い〉というものは、実際にあるのだから、自伝や日記や書簡といった第一級の原資料の扱いは、原資料なるがゆえに、慎重を要することをこころしておかねばならない。

完璧なるクロニクル、完璧なるモノローグ、完璧なる伝記・史伝・歴史記録――そんなものが、そもそもありうるのだろうか。そう疑ってかかるところからしか、あらゆる歴史記述は、真に始まらないのではないだろうか。

わたしの「出生」に関する父の、ひとつの単純ミスによる記述から、そんなことをついかんがえてしまうのである。この真理は、ただちに翻って、ほかならぬこの「累代の記」のうえにも及ぶ。

いうところは、単なる「弟のひがみ」なんぞではない。つまらぬ揚げ足取りでもない。ただ、一般的な事柄として、子たるものはことごとく、自分の親が自分のことをどう語っていたか、書き残していたか、だれにどう伝えていたか、もしくはいなかったか——ということに、けっこう敏感なものなのである。

そのことを口にしようが、しまいが関わりはない。それを知って、親を怨もうが、信愛しようが、関わりはない。全面的否定の対象としようが、根源的受容の対象としようが、いずれにしても、だ。

ちなみに、わたし自身は、わが子の生誕という出来事と出逢って、ふたり平等に二首ずつ、後年にまとめた歌集に入れている。

長女優子（昭和五十三年七月十八日生誕）のとき。

この朝《あした》吾れに赤子は産《あ》れそめて
　生きゆく力湧けとごとくに

遅かれどひとよ草木よ吾れにして
　見よ娘《こ》の親となりにけるかな

長男秀嗣（昭和五十六年六月十日生誕）のとき。

父となり母となる日の遅ければ
疾《と》く疾く育て三つ五つと
ここに吾れ二人の子らの親となり
始まるものあり終わるものあり

2

はなしの焦点を、神職のことに戻す。

本務常駐の新神官となった秀男は務めを無事こなしていた。昭和十七年の秋祭りに奉納された浦安の舞姫と写された写真が残っている（写真1）。新神官を迎えるために、あたらしく社務所（神官一家の住居兼仕事場）が、氏子区域の有志者の寄付によって建設されることになったのは、昭和十七年の春であった。

写真１　秋祭りで浦安の舞を奉納した舞姫と父・秀男
水堂須佐男神社拝殿前にて（昭和 17 年 10 月 16 日）

「昭和十七年六月　水堂須佐男神社社務所新築寄附芳名帳　永久保存」

という、父の書字による表紙をつけた綴りがあるが、それをみると、壱円、弐円、参年から、五拾円、壱百円、参百円までと、寄付額はさまざまである。八重垣町内会をはじめとする氏子区域の町会ごとに募金をお願いしている。

最も多額なのは当時の総代会長で、地域の大地主でもあった川端又市氏の七百円で、突出している。これは、そもそもわたしの父を水堂の新宮司に迎えたいと強力に働きかけた者としての立場もあってのことであろうと思われる。

寄付総額の記載はないが、とにかく資材も人手も不足な社会状況のなかで、にわかに戦時の建築事業がはじまった。

境内地が狭いので、敷地の西側を流れる小川ぎりぎりまで、基礎となる地面を石炭がらなどを運んで来て傾斜面に積みあげ、そこに瓦葺平屋建ての社務所をこしらえ

写真２　天長節の日に行われた社務所新築竣工式の日の秀男
（昭和 18 年 4 月 29 日）

た。床の間がある八畳の座敷、六畳の居間二部屋、玄関、台所、縁側に、南向きの前栽がついていた。
ここに、父母と祖父母と幼児の兄弟の六人が、大庄西字栄地の借家を引き払って、リヤカーに家財を縛りつけて、五キロの道のりを歩いて越して来た。昭和十八年四月のことであった。(写真2)
新住所は、尼崎市水堂字垣之内六八八番地。現在は住所表記が変わって、水堂町一丁目二十五番七号となり、「垣之内」という、いかにも神社近辺を思わせるイメージの小字が、消滅してしまった。こういう事態は、全国至るところで起こっているが、うそ寒い現実であるといわなければならない。さみしいことだ。地の霊が泣いているだろう。
他方、「八重垣」という町会の名前は、古事記のなかの日本神話に登場するわが社の御祭神・須佐之男命が詠んだとされる、

八雲たつ出雲八重垣妻籠《つまご》みに
　八重垣つくるその八重垣を

という歌から採ったと想像できるのであるが、こちらのほうは戦前から引き続いて、いまも使われている。昭和二十二年生まれの妹の「八重」という名前もこの歌から採ったのであろう。ちなみに、余談ながら、わたしが少年のころは、「尼崎市水堂八重垣」で、郵便物が届いた。地名と町会の名前とが、混用されていたわけである。

さて、この新社務所移住のころを、父晩年の『自伝』は、つぎのように述べている。

四月十八日、新築成った水堂須佐男神社の社務所へ私たち一家六人は引越した。大庄の西新田から水堂まで、大きな荷物をさげて、いそいそと歩いてきた両親の姿が胸に痛いほど想起されるのである。

村やしろの神主さん……。これまでの教員生活と比べて何という相違であろうか。まさに百八十度の転回といってよかった。すべては新鮮であり、かつ困難であった。神に仕える仕事の意味の深さに圧倒されそうであった。私は「古事記」を始め日本の古典は、もともと好きなので、背広を白衣に替えて神職になったことは、直ちに「日本」のどまん中に飛び込んだという爽快さがあった。しかし、数え年三十二歳で、世間知らずの私にとって、氏子の人たちとの接触、その人間関係のむつかしさは、想像以上であった。

この「氏子の人たちとの接触、その人間関係のむつかしさ」というのは、具体的に述べれば、村落ごとに存在する大地主階層の者のあいだの対抗意識、競合、反目といった事柄がまず、神社運営に関する場面で表面化して、新任の若い神主さんは、公平な態度・立場を取らなければならないが、じっさい、どうしてよいか、身の置きようもない――といったふうの事態。また、主として小作人たちが見せる無知や不躾や狡猾といった、正義漢で教養人の父には堪えがたい人間的劣悪性とも、付き合っていかねばならない「農村村落共同体」の持つ悪しき側面。そして、「神主さんはエライかしらんが、ようするに、余所《よそ》もんや」という、村落全体を覆う隠微な村意識。

戦前期、水堂村は、昭和九年に東海道線の立花駅――この駅名には「水堂駅《みずどう》」という候補名もあったらしい。当時の俯瞰絵地図にその名が載っているものがある――が出来てからは、徐々に大阪近郊の新興住宅地として変貌しつつあったとはいえ、ほとんど〈純農村〉であった。新任神主さんの苦労のほどが偲ばれるのである。

とにかく一生懸命だった。早暁の社頭奉仕と清掃は毎日二時間以上を要した。つぎつぎに出征兵の祈願祭があった。そのたびに町内会や婦人会の人たちで境内はいっぱいであった。祭典のあと、私は必ず心をこめて出征兵に激励送別の辞を述べた。専任の神職が来たというので、初宮詣や出張祭（地鎮祭その他）も多くなった。そして、私の健康もいつの間にかよほど回復して、医薬と縁が切れる状態であった。（『自伝』）

ちょうどこのころ、新米神主たる父秀男は、禊《みそぎ》錬成会に参加して、五社（現・神戸市北区）の「下《しも》唐櫃《からと》道場」まで出掛けている（写真3）。そして、この新社務所に引っ越した年の夏、社務所で父一人の写真（写真4）と、真新しい縁側に一家揃って座って撮った写真が遺っている（84頁掲載の写真2）。祖父母、父母、兄弟の六人がいっしょに写っているのは、ずいぶんたくさん写真が保存されている家族なのに、じつにこの一枚だけである。「モノが遺る」ということは、そういうものなのかもしれない。

写真３　五社（現神戸市北区）下唐櫃道場での禊錬成会
（前列着座の左から２人目が父秀男・昭和 18 年７月１日）

写真４　新築したばかりの社務所での父秀男
（昭和 18 年８月）

3

昭和十九年の父の俳句に、

立春や鈴の緒赤き村やしろ　　三竿

というのがある（写真5）。「鈴の緒」は、神社拝殿などに垂らされている細紐を編んでこしらえた、参拝用の太い垂れ紐で、しばしばこれに赤、黄、白の布を添えて飾りつけてある。参拝の折に、これを降って頭上の鈴を鳴らす。

その赤い布が、まだ肌寒い立春の、ちいさな鎮守の宮の境内で鮮やかさを際立たせているのである。風の吹く、よく晴れた日の午前でもあろうか。

笹鳴きや人影もなき村やしろ（昭和二十一年）
笹鳴きやまれに人来る村やしろ（昭和三十三年）（一九九ページ・写真6）

なる句も、戦後の父は吟じているが、わたしはこの「村やしろ」という言葉遣いが、なぜか、とても好きである。そして、句の出来栄えとしては「まれに人来る」が優れているとおもうけれども、いまは

俳句批評をやっている場合ではない。

　太平洋戦争当時のわが国の神職たちは、なにをおもい、なにをしたのか。そのことを問おうとしている。父秀男の言葉を借りるならば「日本のど真ん中」に立ち位置を占めた人間が、その「日本」を、いかに思念し、いかに実践したか。想い、造り為すことをしたか、という問題である。

写真5　秀男の「立春や―」の短冊（昭和十九年）

　ただ、「神職たち」といっても、わたしは多くを知っているわけではない。また、戦時中の神職の、この問題についての証言を収集したり聞き書きを取ったりといった調査をしたこともない。だいいち、この種の問題・話題を、直接にかれらの口から聞くことは、ほとんど皆無だといってよい。

　神主、言挙げせず。笏《しゃく》は立てても腹立てず。寄らば大樹の陰、長いものには巻かれろ。喉元過ぎれば熱さ忘れる。ムカシノワレハワレナラズ……というわけであろうか。

　しかしこの「神職累代記」は、この問題をまたいで通り過ぎることはできない。「最も激越な軍国主義の信奉者であった」と、みずから語り、日毎に必勝祈願の祝詞を詠んで出征兵士を死地に赴かせた宗教者・神職の自分に「戦争責任」がないわけがないではないかと、自問し続けた父秀男。もしも日本が負けるようなことがあったら自分は生きてはおれないと、自刃の方法まで考えていた父。

　「わが詩を読みてひと死に就けり」という戦後の詩が、高村光太郎にあるが、この光太郎が戦時中

にたくさん発表した戦争詩をはじめ、詩人・文学者の戦争責任を追究した吉本隆明は、

「詩人たちは、だまされたのであろうか。断じてそうではない」

と述べている。わたしの父も、神職――ちいさな村やしろの一介の神主として、家族をはじめ氏子地域のすべての人たちを、だまそうとしたのでもなければ、だまされたのでもなくて、ひたすらわが国の勝利を信じて戦争完遂・必勝祈願のひとすじを、全力で走った。そして、そんな戦時中の講話に対して、「胸のうずくような悔恨と悲哀」(『社頭講話録』昭和三十年)の念をいだきつつ、死ぬこともできずに、戦後の生をはじめる……。

『自伝』の続きを引いて、この章をひとまず閉じたい。

戦局は漸く苛烈となって来た。一時優勢を伝えられた日本軍も、ガダルカナル島撤退以降は全く振わず、[昭和十九年]四月には一代の英傑であった連合艦隊司令長官山本五十六元帥の戦死、五月にはアッツ島守備隊の全員玉砕と、敗色は次第に深まりつつあった。金属非常回収で神社や寺院の灯籠・釣鐘などすべて供出せよとの命令で、金属製のものは自家の花瓶から仙徳火鉢に到るまで私は全部提出した。これが武器に変るのだと言われては、命令に背くわけには行かなかった。当時のそういう私を「馬鹿正直」と評した人もいた。たしかに馬鹿正直であったようだ。

これは、おのれの「馬鹿正直」さ加減を、反省しているのか弁護しているのか、よく見分けがつかな

いような晩年回想の弁であるが、わたしが最も注目するのは、つぎの「社頭講話」のくだりにほかならない。

だんだん、私は、じっとしておられないものを強く感ずるようになった。かくして、始められたのが、早暁の必勝祈願祭であった。これは毎朝五時に執行した。私の呼びかけに応じて、氏子の老若男女の人たちが拝殿狭しとばかりに参列した。青年団の団体などは境内に並んだ。先ず五、六分、社頭講話をした。これは半紙半枚刷りのテキストを自分で原紙を切り、謄写印刷して配布し、それを読んで注釈を加えるという方法であったが、これが意外に喜ばれて、中には、帰宅後、毛筆で大きく書き写して保存するという婦人まであらわれた。毎日、このテキスト作りが大変だったが、とてもやり甲斐があった。［中略］

この社頭講話は、ぐんぐんと手応えがあるので、私も熱中した。テキスト作りは忙しいけれども、とても楽しかった。「水堂の神主さんは、いったい何時間眠るのだろうか」という人があったほど夜も遅くまで仕事をした。朝は正五時に祈願祭が始まるので、どんなに遅くても四時には起床しなければならなかった。

この必勝祈願祭および社頭講話については、次章で少し角度を変えて述べたい。

《第十一章》

悲劇の神官――戦中日記から。

［父のこと〈6〉］

太平洋戦争における日本の勝利を祈願して、小さな村やしろの一介の神官たる父は、自社で「必勝祈願日拝会」を開始した。自身の軍隊応召によってそれが打ち切られる日あたりまでに付けていた十か月ほどの父の日記を、ここに録する。煩雑を嫌ってカットした個所が僅かにあるので、厳密には抄録である。［　］内はわたしが施した最小限の注記だが、日記の記述そのものについての感想や批評めいた言辞は、熟考の末、ここではいっさい吐かないことにした。日記は父の死（昭和五十二年）以降、わたしがずっと所持しているもので、この部分の公表は、今回がはじめてのことになる。なお、原本には行開けが多用されているが、引用の都合上、無視した。

1

昭和十九年九月十八日（月）

満州事変十三周年記念日。

本日より必勝祈願日拝会をはじむ。

朝五時開始、約十五分である。自分はこの必勝祈願のためには生命を捧げてゐる。このためには死んでよいと思ってゐる。

参拝者約百五十人。

午前中、発熱三十九度七分。

九月十九日（火）

必勝祈願出席票を人々に渡す。だんだん日数が経てば、まじめな人ばかりになってしまふであらう。

発熱三十八度七分。

必勝祈願のためには死んでもよいが、からだは早く元気にして、大いに働かねばならぬ。でも士気は豪も衰へてはゐない。

九月二十日（火）

発熱三十八度七分。但し、食欲不振、不眠等のことなし。夜中に咳がかなりでる。

九月二十一日（木）

風水害［室戸台風惨禍］十周年記念日なり。

九月二十二日（金）

発熱三十七度九分。

大祓詞百四十部印刷す。

夜、熱を犯して入浴す。

九月二十三日（土）
秋季皇霊祭。しずかな秋雨ふる。
けふの必勝祈願は百人位。少し人数が減った。もっと減るかも知れない。人は僅かでも、真心のこもった祈願をつゞけたいと思ふ。
警防団、防空壕を境内に掘りに来る。
政子、午前中は日婦［日本国防婦人会］の大会、午后は法要［母の妹の七周忌］に行く。忠男、武男百日咳やゝよろし。祝詞研究所へ、「神拝詞」百部注文す。政子、夜、泊ってくる。
九月二十四日（日）
午后、川掃除。政子、十時頃帰って来たので、川掃除に出る。
けふになり漸く平熱となる。但、夜分にちょいちょい咳が出る。
九月二十六日（火）
ときどき険しくなってゐる自分の心を見出す。常に胸中には春風が吹いてゐなければならぬ。
口に忠君愛国を称へ乍《なが》ら、何といふ我情私欲に満ちた不忠不孝の日々の生活であらう。飽食暖衣、逸居して教無きは禽獣に近し、三竿よ、神に仕へる身ではないか。
勉励せよ、深省せよ、勇敢に実践せよ。
九月二十七日（水）
櫻井神社例祭奉仕。外を歩くとまだ暑い。

九月二十八日（木）

山田孝雄氏の「神道思想史」［神祇院・昭和十八年］を読み、教へられるところ多し。山田氏は、現代最も尊敬せらる可き学者の一人であらう。氏が独学で今日を成してゐることを思へば、わが怠惰がひしひしと反省させられる。

けふは討死と、毎朝覚悟せよ。

仕事と読書とに討死せよ。

夜七時半より、大祓講習会（第四回神道研究会）を開催す。来り会する者約四十名。この社務所には丁度手ごろの人数であった。

かうした講習会をひらくことは何よりも私自身の勉強になることである。たとへ一時間の講義でもやらうと思へば、随分色々と調べることになるので、よい勉強になる。九時閉会。

九月二十九日（金）

快晴。朝食後、阪急百貨店に行き、カラーインキ、フクラシ粉を買ひ、散髪をし、書物を見る。本を見てゐると、心がたのしい。西田長男著「直毘霊《なおびのみたま》」［東京有精堂・昭和十九年］と、雑誌「勤皇（吉田松陰東北遊歴建碑紀念論文集転載特輯《とくしゅう》号）を買ふ。

母、むかしの尼第三校［元・尼崎市立開明小学校］の同僚の集ひに出かけてゆく。父、忠男を連れて道夫［親戚］のところへ行く。牡丹餅を御馳走になった由。牡丹餅はいよいよ珍らしいものになってしまった。

十月二日（月）
必勝祈願日拝会は相変らず盛大である。今こそわれらの至誠を天に問ふ秋なり。
午后、所用の帰途、大阪へ廻り、阪神地下、十合［そごう］、道頓堀、日本橋の書店をのぞく。よい書籍の激減には驚かされる。それでも古本や新刊の顔を見てゐると、心の和むものがある。
夜、名月なり。珍らしき皓々たる月である。

　名月や尊き国に生れたる
　萩すゝき夷狄《いてき》の知らぬあはれ哉
　子のふたり遊ぶも月に供ふべし　　三竿

浦安の舞打合会、午后七時より九時迄。
十月三日（火）
感謝を知らぬ者ほど哀れな者はない。
十月四日（水）
昨夜の大雨も暁に到りて止む。
昼すぎ、政子［妻］に注意したことが起りで、遂に政子をなぐった。はじめてのことである。あと

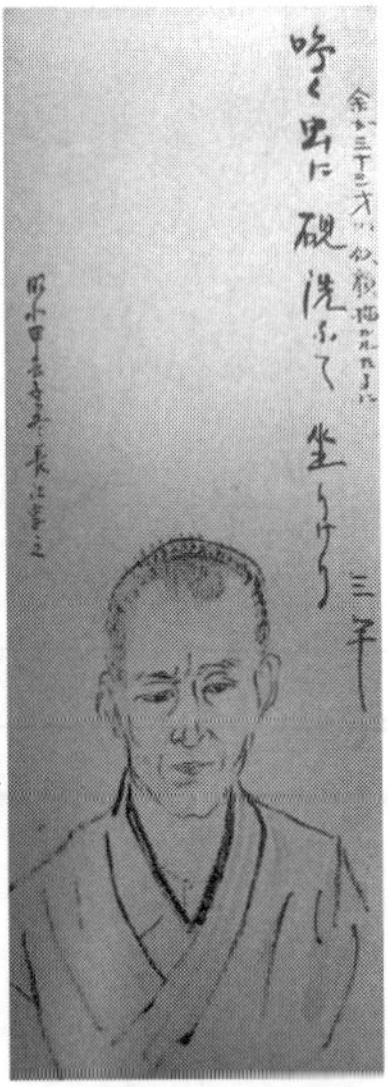

写真1　講話当時の父の肖像画
「鳴く虫に硯洗ふて坐りけり」の句が添えられている

で可哀想になる。自分はもう決して家では腹を立てぬことにした。自分は祈願と読書との為ならば、どんなことでも辛抱しよう。自分は祈願と読書のために生きてゐるのだ。自分自身の我が儘は一切許されないのである。

十月五日（木）

昨日家兄［出征していたが戦地で発病し帰還中］の話に依ると、先般開かれた議会の秘密会で、戦況の不利なことが発表され、代議士は皆声を上げて泣いたといふ。海軍は既にどうにも手が出なくなってしまってゐるのだといふ。住友の某大工場では、このごろ資材が入らないので多くの人を遊ばせてゐる由──。

負けたと思った時が、負けたのである。最後まで負けたとおもってはならぬ。なあに、一時の勝敗は戦の常であって、大局を見れば、決して悲観するに及ばない。しかし、国民生活は段々と窮屈になる一方である。このごろ誰も彼もが食べる物のために走り廻ってゐるではないか。みんながいやしくなってゆく。悪がしこくなってゆく。いらいらしてゐる。これではならないと思ふ。

毎朝の必勝祈願は、無言の力強いものを氏子の人々に与えてゐるであらう。信念も勇気もこゝから湧いてくるであらう。四時半になればもうやって来て、静かに始まるのを待ってゐる人達を見ると、こちらが引きずられさうになる。誰も彼もが真剣なのである。盛り上がる国民の力といふものは、かうしたところから湧いてくるのであらう。

妻に対する態度に依ってその男のねうちが判るのである。人と人との交渉は厳粛なものである。甘える気分があってはならない。

このごろ莎平先生［小学校の恩師］の消息判らず、或ひは病気をして居られるのではないかと思ふ。

現代の国宝的存在たる国士頭山満《とうやまみつる》翁逝去。享年九十。

十月六日（金）

東方精機、今度、航空魚雷の起爆機を製作することになったので、その奉告祭に赴く。

夜、父、政子の態度に激怒し、ごたごたする。

かねてより身はなきものと思へども
雪の降る日は寒くこそあれ

西行の歌であったか、そゞろに身にしみる。［西行の本歌は〈捨て果てて身はなきものと……〉である］
十月七日（土）
西難波熊野神社例祭に奉仕。
十月十九日（木）
住友金属プロペラ工場の鉄道側線開通式に行く。なかなか盛大であった。昼飯の立派なのには一驚した。夜、町内会常会。
十月二十日（金）

久振りにゆっくりと昼寝が出来た。秋祭りの跡片附けも済み、ほっと一ト息といふところである。台湾沖航空戦綜合戦果発表さる。［このあと三ページに渉って「大本営発表」の内容が引用され、「実に史上空前の偉勲である。空母十九以下四十五隻を屠《ほふ》った」「いまや真の決戦となった」という、父の記述がある］

十月二十七日（金）

松陰忌。吉田松陰先生刑死の日なり。

嗚、松陰は実に史上稀なる英霊漢であった。ひそかに松陰を景仰する余は、既に先生刑死の年齢三十才を超ゆること三年、碌ゝ《ろくろく》として為すところなく、慙死《ざんし》すべき有様である。勉励せねばならぬ。

「社頭講話」昨日より開講。これを始めて余の生活は頓に充実し、頓に多忙となった感がある。これを始むるに当り、余の大なる参考となり培ひとなってゐるものは、

「倫理御進講草案」（杉浦重剛《じゅうこう》）

「講孟餘話《こうもうよわ》」（吉田松陰）

「修身教授録」（森信三）

「道二翁道話《どうにおうどうわ》」（中澤道二）

等であるが、過去・現在・未来の余の読書研磨はすべてこの「社頭講話」のためであるといってもよい。「社頭講話」は、余が生涯の最大作品となるかもしれないのである。

涯なき望みに戦きつゝ、余は今や新生の第一歩を踏み出しつゝある。

これ、余が戦争であり、ご奉公である。

限りなき読書と限りなき実行とは、「社頭講話」を充実発展せしめるであらう。

　十一月二日（木）

母、信州へ旅立つ。午后五時二十分大阪発。祖母の三回忌法要に参列のためである。夕方母が出てから雨になった。車窓の夜雨は淋しいことであらうと思ふ。母にも、つくづく気の毒に思ふ。信州逗留は、母に取ってこの上なき慰めであらう。

母の一生を考へると受難の一生といふ言葉がすぐ浮かんでくる。実にいたましい受難の連続であったとおもふ。

父は、母が出発してから難波へ行った。思ひなしか、父のうしろ姿が淋しく見えた。

上村秀男は、不忠不孝の大なる男であることを、もっともっと自覚せねばならぬ。

　冬近し昔の日記出して読む　　三竿

一一月三十日（木）

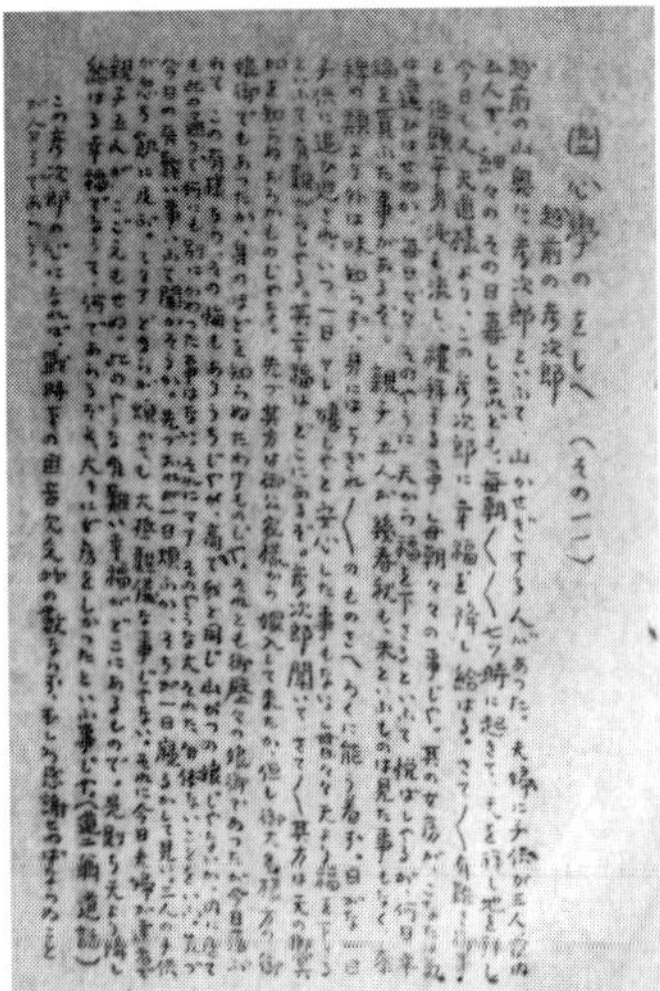

写真２「社頭講話」配布原稿
「心学のをしへ（11）」
（昭和20年3月24日）

莎平先生より来信。

酒あり蜜柑あり何の乏しきぞ　莎平
ゆたかさは神しろしめす冬の山

2

昭和二十年一月九日（火）

三十四歳になった。まだ生きていた。あゝ、こんなに永く生きられるとは思ってゐなかった。十七、八歳の頃は、とても三十歳迄生きられるとは思はなかったではないか。三十四歳の新春を迎へ、両親健かに堂に存し、妻あり、男児二人ともに健康にして五歳と三歳になった。何といふ幸福であらう。多くの若人が特攻隊として散ってゆくとき、自分はまだかうして生きて、幸福に浴してゐる。ゆとりがあるといふ程でもないが、とに角、生活に困らないだけの収入もある。雑炊食堂［外食券なしで粗末などんぶり飯を売っていた大衆食堂で、長蛇の列が出来た］に列ばずとも食ってゆけるだけの食べ物もある。あれこれを思へば、唯ゝ感謝の心でいっぱいである。

一月二十一日（水）

去る十四日、米機は遂に神宮（外宮）爆撃の暴虐を敢てするに到った。あゝ、何たる事ぞ。われに対する最大の挑戦なり、許し難き侮辱なり。

君辱かしめらるれば臣死す……といふ。日本は今や、最高最貴のものを辱かしめられたではないか。

これでも憤激せざるは日本人に非ざるなり。

朝五時の必勝祈願、けさは六人だった。こんなことは始めてだ。厳寒の候となって、何人に減るかといふことは、自分のすくなからぬ興味を誘ったのであるが、今や真剣無雑なる人のみが残ったのである。

九時から防空訓練。神宮を爆撃せられた口惜しさを思へば、もっと訓練に精が出さうなものだ。一昨日、明石はさんざん爆撃された。これでも口惜しくないのか。

あゝ、神職われ、今や、死して余罪ありといふべし。結局、まごころの足りぬ証拠なり。

一月二十六日（金）

徴兵検査の援助に尼崎国民学校に行く。

夜、久振りに今北［隣村］の銭湯に行く。

二月十三日（火）

つめたい中にも何となく春めいて来た。凍テがよほどゆるんで来た。健康はもう殆ど恢復《かいふく》した。大いに勉強し大いに働かう。

微恙《びよう》のおかげで、大分心学の勉強が出来た。「心学道話全集」六巻の読破を始め、石川謙氏著「石田梅巖《ばいがん》」「道二翁道話」雄山閣の叢書「心学」等読むことが出来た。

社頭講話に今度は心学を取入れるつもりだ。朝の必勝祈願は六、七名の熱心な氏子の参加をずっと得てゐる。

二月十六日（金）

マニラ既に焦土と化す。戦局は正に危急である。心眼をひらいて事態を正視しなければならぬ。日本といふうまし国が、今や生きるか死ぬかのどたん場に追ひつめられてゐるのだ。楽観は禁物である。周囲を見渡すに、誰も彼も、生活の逼迫に気を奪はれ、食糧の獲得に、みんなうつつを抜かしてゐる。闇、闇、闇の世相である。何も彼も闇でなければ手に入らないのである。国民をして狡智へ狡智へと趨《おもむ》かしめるものは誰ぞ。

あゝ、今こそわれら日本人の至誠を天に問ふ秋なり。

心慰まざるときは、ひとり黙して境内を掃き、拝殿を拭き、書に対す。

忠男と武男は、だんだんやんちゃになり、だんだん可愛くなるばかりである。

我れに忠男と武男とあり、天下無敵である。

けふは、よほど春めいて来た。父は、そろそろ畑仕事を始めようといふ。

三月一日（木）

社頭講話、五回分印刷す。（八四）にまで達した。（一〇〇）になるのがたのしみである。

三月三十一日（土）

陽春といひたき暖かさである。杜には椿が咲き、鶯《うぐいす》その他の小鳥が鳴いてゐる。この平和な氏神様の境内に暮らすことの出来る自分は何といふ幸福であらう。

戦局は、春とは反対に、いよいよきびしさと物凄さを加へつゝある。沖縄県慶良間《けらま》列島には敵が上陸を開始したのである。この苛烈なる実相を見よ。

若し万一、帝国この戦さに敗れることありとせんか、あゝ、何を以てわれら生くるや。生きてその辱かしめを受けんよりはむしろ、死をねがふは日本人誰しも持つ心持であらう。今だ、今大いに働き抜き、戦ひ抜いて、どんなことがあっても、この戦さには勝たねばならぬ。自分は小さな神社に奉仕する名もなき神職なれど大いに修養、勉励して、真に神に仕ふるの道を全ふせねばならぬ。神に仕へる白衣の身であることを常に忘れてはならない。自分は、この職場で討死するのだ。

四月十四日（土）

昨夜半より今暁にかけて、B29百七十機帝都に来襲し［東京大空襲］、宮城・大宮所の一部に火災発生、明治神宮の本殿・拝殿焼失といふ重大事件発生。その他各所に被害甚大との放送を聞く。

噫、米鬼の暴虐、正にその頂点に達す。何たる無念ぞ。われら、死して尚、余罪あり。

われ、万死すべき身を以て尚、今日生をむさぼり居るなり。

大君の御楯とやがて死なむ身の
心は常に楽しくありけり　　橘曙覧

沖縄本島をめぐる戦闘は、海空隊一体となり、凄絶を極めてゐる。三月二十三日より四月十四日発表に到るまでの綜合戦果は、累計三百二十六隻に達した。特攻隊の大軍は続々と出撃しつゝあるのだ。桜かざして機上の人となる雄姿を新聞でみると、惰夫われを愧死せしめるものがある。

五月二十九日（火）

戦局は言葉を超越した重大さにある。けふ一日は実に平時の二十年、三十年に相当する。一昨日以来毎朝五時の必勝祈願に、特に多数の人々が参加して一週間の寇敵撃攘祈願をなしつゝある。百名くらゐの参加である。

昨夜、安藤洲一著「王陽明の解脱観」を面白く読了した。［ここで日記帳が変わり、七月四日の召集令状を受け取るまでの記述は、残存しない］

七月四日［以後、曜日の記入なし］

午後四時、臨時招集令状を受領す。六日十三時、姫路中部第四十六部隊に到着すべし、とある。折しも、在郷軍人会の未招集兵教育のため、水堂国民学校［現・尼崎市立水堂小学校］に赴かんとしてゐた矢先きであった。玄関から妻がにこにこして、丁度ふかしたての馬鈴薯を食ひつゝあった自分に向って、「来ましたよ」と云った顔つきや言葉が忘れられない。受領の認印を押すとき、俺は興奮してゐるな、と思った。感激は当然乍ら、無用の興奮は禁物だと思った。

いよいよ来たぞ。待ちに待った召集令状だ。

学校に行き、出席簿其の他を役員諸君に託し、川端氏、家兄、親族、伊丹の多田先生等に、自転車で知らせて廻り、帰宅すれば午后七時半頃であった。妻は、じゃがいもの牡丹餅［おはぎ］をこしらへてまってゐた。池田［両親と長男忠男の疎開先］へは明朝、家兄が知らせに行くことになってゐる。妻と武男と自分とのしづかな晩飯をすませる。九時半頃、八重垣町内会役員諸氏、酒肴を調へて来らる。皆の還られしは十一時頃であった。蚊がいつのまにか蚊帳にたくさん入ってゐて、よく眠れなかった。

七月五日

多忙を極めた一日であった。朝から村の人達が引きりなしに祝辞を述べに来られた。餞別も莫大なものであった。夜、神社役員、軍人会、町内会等諸団体合同で盛大な歓送会を開催してくれた。こわめし［おこわ・赤飯］をどっさり焚いてくれた。かしわ［鶏肉］、純米の御馳走も出来た。自分は、「歩兵の本領」を歌った。莎平先生も最后まで居て下さった。

十二時近く皆が帰ってから、妻を始め家人は、奉公袋の入組品その他の準備に忙殺されてゐる。随分むし暑い夜であった。一つの蚊帳の中に一家六人が入ったせいか、ひどい蚊で殆ど眠らなかった。

あすは征く短夜にして読書哉　三竿

［この日、父が歌ったという軍歌「歩兵の本領」は七番まであるが、一、二番はこういう歌詞である――〈万朶《ばんだ》の桜か襟の色／花は吉野に嵐吹く／大和男子と生れては／散兵戦の花と散れ　尺余の銃は武器ならず／寸余の剣何かせん／知らずやこゝに二千年／鍛えきたえし大和魂〉――］

七月六日

早朝三時すぎ起床、潔斎《けっさい》。必勝祈願日拝会は昨日で打切ったので、けさは、ひとり社頭に額いた［社頭講話は、一五九回で終わった］。五時朝食。七時、出征奉告祭。家兄が祭典をした。続いて盛大に歓送式が行はれた。各種団体代表の祝辞は、自分を感激せしめた。自分は心をこめた答辞を述べた。村人達は駅［立花駅］まで送ってくれた。けふから田植が始まるといふ忙しい日であるのに、気の毒におもった。

殺人的混雑の列車で姫路に着く。姫路市街は、一昨日の空襲ですっかりやられてゐた。余燼《よじん》なほ燃ゆる中を四六部隊に着く。人々の心づくしのおこわのにぎりめしも、まだ腹がいっぱいで食へなかった。身体検査は甲。第二中隊（村上隊）に編入。独立歩兵第七三七大隊（通称中部――後に「睦」と改む――第二八二八六部隊）である。晩飯は四六部隊で食ひ、五一部隊に宿泊す。真夜中に明石空襲あり。

七月七日

朝八時、亀山本徳寺到着。こゝは姫路市を出たばかりのところで、飾磨《しかま》市に属する。大きなお寺である。自分は古兵ばかりの班の班長である。

七月八日

敬礼演習をしてゐたら、指導振りが良いとのことで、隊長殿より初年兵教育掛を命ぜらる。

七月九日

初年兵は十九、二十歳のまだ子供っぽい兵隊である。古兵は四十四歳をかしらに、相当年が行ってゐる。中隊の幹部たる下士官は、皆、一団出身である。入隊以来、胃腸の具合が良くない。

七月十日

午后三時、四六部隊営庭に於て軍容検査を受く。大隊長陸軍大尉佐藤琢法殿より、訓示あり。中隊命令で自分は指揮班付［大隊と中隊との連絡・通信・記録などを務める］となる。

［このあたりからいわゆる「陣中日記」となり、その部分はすでに「父の陣中日記（1）（2）」として、『兵庫神祇』第五百八十六号（兵庫県神社庁・平成二十二年六月）、第五百八十七号（同年九月）に公表したことがあるので、本章はここで閉じる］

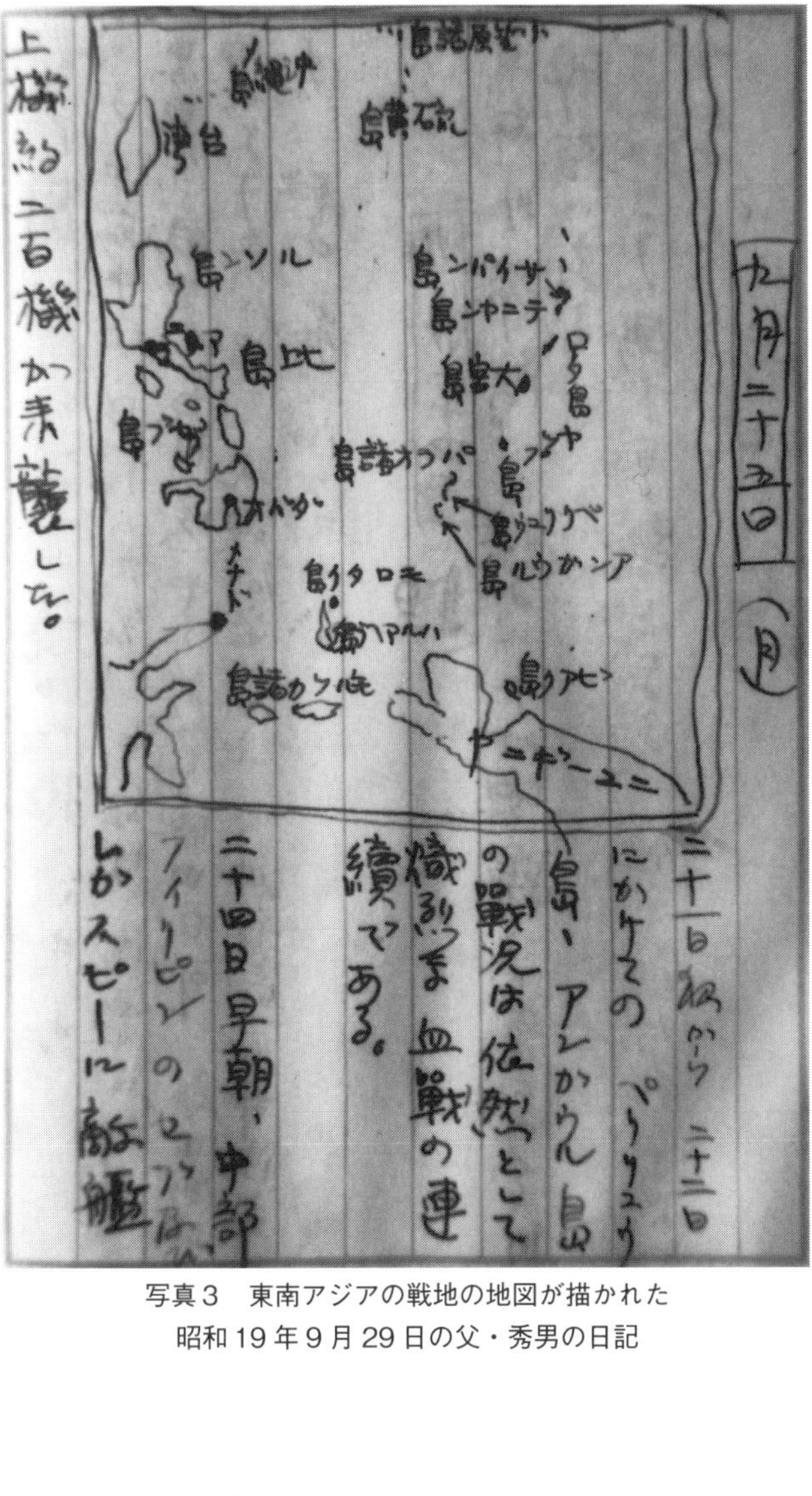

写真３　東南アジアの戦地の地図が描かれた
昭和19年９月29日の父・秀男の日記

《第十二章》

余生、それとも新生——戦後の父の在りどころ。

［父のこと〈7〉］

1

わたしの父は、神職として、戦前にすでに言うべきことは言い、書くべきことは書ききり、為すべきはすべて為し終えてしまったのかもしれない。父は三十三歳で敗戦を迎えた。ふつうならば、まだこれから第二、第三の人生が始められてよい年齢である。

しかし、父はすでに、死んでいた。死んでいるのだから、いま生きているのは「余生」だとしか言いようがない。余生——余った生。余りでしかない生。そうとでもおもわなければ、いまのこの無惨、無念な生を意義あるがごとくに、保つことはできない。

父は、もう、死すべきひととなっていた。それならば、余生、それとも新生のふりをして、生者の仮面をかぶるしかないではないか。

父母あり妻子ありて生を偸《ぬす》み居り炭をつぐ　三竿

昭和二十一年、敗戦復員のあくる年の父の句である。自由律俳句の種田山頭火が好きであったとはいえ、自分では五・七・五の定型をずっとまもった父としては、きわめて珍しい破調の句。この「破調」は、どこからきたか。

もちろん、敗戦後になお生きて「生を偸んで」いるという、自己矛盾を孕んだ現実からきた。

生き残ってしまった者のかなしみ――。

この日記帳に、かうしてペンを走らせるやうにならうとはおもはなかった。日本の無条件降伏、自分の復員帰還、すべて夢に夢みる心地である。

一日一日が余生である。（昭和二十年九月二十三日）

どうも今一つといふところで健康がすっきりしない。国教「神道」廃棄の記事が新聞に出て以来、種々いろいろな場合をひとりで想像して、ひそかに思ひ悩んでゐる。それが、気分の上にもいらいらと影響しつゝあるのは慥《たし》かである。

人生の味いよいよ深く、魂の悩みはますます増す。

追いゆく両親の事は自分に取って大きな苦しみである。今のやうに母が池田に居れば、妻との争ひを聞かずに済む。これは有難いことだ。しかし、父が池田へ度々行く毎に食糧を運んだり、こちらから生活費をだしたりするのは、経済的に大きな負担である。

ふたついいことはない。――あきらめよ。（同年十月十一日）

朝、暫く振りで大祓を上げ、日供《にっく》の祝詞を奏す。やはり、すがすがしい、良いものだ。神と自分とだけの世界が現出すればどんなによいであらう。

雨に汚れた渡廊下《わたり》を拭き、拝殿を拭き、境内を掃き清めたら、いつものこと乍ら相当の時間が経ち、軽い疲労を感ずる。けさは妻が栗飯をこしらえへていたので、うまかった。完全なる敗北をしてゐながら、かうして三度の飯が食へるといふのは、考へると不思議なことであり、実に有難いことである。

既にもっと早く、戦死してゐなければならぬ身である。戦に敗れた以上、殺されるか、自殺してゐなければならぬ身である。もっと早く餓死してゐなければならぬ身である。然るに今かうして安楽に暮してゐるのは、何としたことであらう（同年十月二十日）

幸徳秋水著「社会主義神髄」熟読す。社会主義は今や必須の政策であって、危険思想とみなしたのは昔のこと。

今後は貧富の懸隔を出来るだけ少くせねばならない。米・塩・砂糖の「三白」国営を始め、あらゆる生産機関をどしどし公共のものとすることが大切である。

然し、如何に社会主義の世の中になっても、世の中の不公平、人民の不幸は絶えないであらう。人々の心が救はれない限り駄目である。新らしい宗教の要望せらるゝ所以である。自分の携ってゐる神社の仕事は所謂宗教ではないが、宗教的である。今後は、宗教とみなされるかも知れない。

天皇制の続く限り、神社は不滅である。（同年十月三十日）

そろそろ昭和の大塩平八郎がでさうな形勢になって来た。食糧一揆はきっと起る。既に一触即発の危機を孕んでゐるではないか。（同年十一月二日）

政子、大豆と一升と薪と九十銭を出して、豆腐屋さんに豆腐をこしらへて貰ふ。乏しき中にも、いろいろ御馳走がある。餓死者が続々出つゝあるこの際、どうやら食べていけることは幸福である。

午后、蝗《ばった》取り。たくさん取った。草の花は無心に咲き乱れてゐる。

国破れて山河かなしき秋の風　　三竿　（同年十一月七日）

朝食后、畑の水かけをしてゐると、宮崎信太郎氏［村の農家］母堂りんご五個供へて下さる。珍しい。早速神前に供へる。蝗取りをする。稲が大分刈られて来たので蝗は棲みかが狭くなった。殊に朝露のしめりの間に取ったので、まだ動きが遅く、よく取れた。

昼すぎ、栗田さん［村の農家］、杓子菜《しゃくしな》とからし菜の苗を下さる。畑の畝をこしらへ、基肥《もとごえ》を入れ、

灰やピートを入れ、植える。下肥《しもごえ》を汲んだのは全く始めての経験であるが畑仕事は愉快なものである。（同年十一月十一日）

午后、蝗取り。父、浜田［近くの村］に行って、さつま芋一貫匁（三十円）買ってくる。明日、忠男と武男の七五三を祝ってやるため、芋の牡丹餅でもこしらへようといふことになったのである。（同年十一月十四日）

朝飯は、牡丹餅（芋）と芋ヨーカンで、子供達の七五三を祝ってやった。朝食后、拝殿に上げてやり、七五三の奉告祭を行ひ、お祝ひに御神木の箸と鉛筆を二人にやる。大いに喜ぶ。二人の子供が病気もせず、怪我もせず、すくすくと成長して、かうして、五歳と三歳の祝をすることが出来るのは何といふ幸福であらう。親の欲目かも知れないが、二人とも利発である。かうした立派な男の子を二人持ってゐるだけでも、自分は恵まれて過ぎてゐる位である。（同年十一月十五日）

右足に瘍を発す。歩行も出来ない。（同年十一月十七日）

朝、神社の清掃をする事は、大きな喜びであるが、まだやゝ疲労を感ずる。敗残の病骨を掲げて戦ふ時は近づきつゝあるのだ。自重自愛せよ。（同年十二月三日）

恐ろしい年よ、早く逝くがよい。（同年十二月四日）

自分は、「社頭講話」の続きがやりたいのだ。そのためには、今の沈潜期を利用して大いに勉強することが大切である。読書――実行――読書――実行。けふも有難い儲けものの一日だ。余生を楽しむ心境を忘れるな。（同年十二月九日）

敗戦の悲しみの裡《うち》に年暮れんとす。（同年十二月二十七日）

これが敗戦の年の、栄養失調で倒れたり、家庭苦・経済苦になやんだり、新しい神社の在り方を模索したり、「新社頭講話」の構想を練ったりしながらの、父の日記の言葉であった。

「国体護持」のために、「敗残の病骨」を以って、「蹶起《けっき》」の時を秘かに窺がっているのである。しかし、それが果して「余生」というべき生き方であろうか。この、いささか歳を食った戦中派神職は、持ち前の求道精神を発揮して、奮闘すればするほど、或る深い矛盾の穴の底へ落ち込んでゆくように思えて仕方がない。「天皇制が無くならないかぎり、神社は不滅である」というけれども、この期に及んで、父は「神職」の身であってよいのだろうか。よいはずはないではないか。それにもかかわらず、現実には神職をやめることもできない。

いったい、この父は、生きたい男なのか、死にたい男なのか。

2

疑問は疑問のまま、はなしの先を急がなければならない。

父の戦後の生活を、兵庫県神社庁へ出した自筆履歴書によって、一気に駆け抜けてみる。

最後二行は、提出後の追い書きである。この履歴書は神社功労者として表彰されるに際して書いたのであろう。

昭和二十一年六月六日　正階を授ける　神社本庁
昭和二十二年六月十五日　尼崎市立立花中学校教諭に補す　兵庫県
昭和二十二年九月一日　須佐男神社奉賛会で水堂愛育園設立、設置者となる　兵庫県
昭和二十八年十月二十四日　水堂愛育園を幼稚園認可により水堂幼稚園と改称　兵庫県
昭和二十九年五月一日　尼崎市立立花中学校主席に認定する　尼崎市
昭和三十一年六月十日　教化委員を委嘱する　兵庫県神社庁
昭和三十五年四月一日　尼崎市立日新中学校教頭を命ずる　尼崎市
昭和四十一年一月十八日　無試験検定により明階を授ける　神社本庁

昭和四十一年二月二十八日　神職身分二級とする　神社本庁
昭和四十三年三月三十一日　公立学校退職［病気による早期辞職］　兵庫県
昭和四十五年十月二十八日　保護司を委嘱する　法務省
昭和五十年十一月三日　尼崎市文化功労者賞［文学］授賞　尼崎市
昭和五十一年五月二十一日　功労保護司として授賞　神戸保護観察所
昭和五十一年十月二十日　神社功労者として授賞　兵庫県神社庁
昭和五十一年十一月十六日　教育功労者として文部大臣より授賞　文部省

そして、このあくる年、昭和五十二年の六月十五日に、父は死んだ。この履歴のなかで、最も画期的な出来事は、昭和二十二年に相次いで、公立中学校の教師（国語）と私立保育所（水堂愛育園）の設置者（兼園長）となったことである。ここにこそ、父にとっての「新生」が始まったといってよい。（写真1、2）

「立花中学校に奉職が決まった時ほど、うれしい顔をしたお父さんを見たことはない」

とは、後年母がわたしに語った述懐である。

それはよく分かる。元を正せば、父秀男という人は学校教師であった。神職になったのは、いわば身過ぎ世過ぎのために、やむなく選択しなければならなかった人生コースである。ふたたび教職に就ける！これほどの歓喜は、敗戦後の父にふたつとはなかったはずだ。

中江藤樹《とうじゅ》、二宮尊徳、大原幽学、大塩中斎、吉田松陰——こうした江戸期の儒教的な、また陽明学的な、知行合一の求道精神を最も発揮した人物に憧れを持っていた父は、神社宮司と学校教師と幼児教育者という、「三足のわらじ」を履いて、全身全霊、フル回転の生活を始めた。

しかし、そんな無理で必死な生活は、いつまでも続くわけがなかった。この、教聖ペスタロッチもうらやむだろうと父自身がいう理想の三位一体は、いずれどこかに綻びや歪みが出る。

先ずは保育園、のちの水堂幼稚園の経営面にそれが出た。園児が激減して、存亡の危機に追い込まれ、保育も経営も、やがて神社を離れて、個人立のようになっていく。それに従って、父に代って保育と経営の実権は母の方に移っていった。母は、良くも悪くも、実業向きのひとであったから、理想家肌の父と、ことごとに対立する。父は幼稚園の経営が営利本位になっていくことに、危惧を感じる。けれども母は実利が上がることにむしろ遣り甲斐をみいだしていく。

神社もまた、似たようなものであった。

父は、かくして、やがて学校の仕事に、なにもかもを忘れるためのように、没頭した。そしてまた、学校教師が父にはいちばん似合っているのであった。（写真3）

「人格で教育する——そういう先生だったですね。ああいうタイプの教師は、もう、いません」と、つい最近になってまで、かつての立花中学での教え子で自らも教職に就いた人から、直接に聞かされたことがある。過褒ではないと、わたしは思う。

その一方、神職の世界では、尼崎市の支部長になろうとか、兵庫県の役職が欲しいとかは、いっさい考えなかった。父とはなしが合うほどの神主が、実際のところ、いなかったのである。神社界で、父は孤独であった。そして、次第に「烈烈たる闘志」をうしなっていったように思われる。

教育界にあっては、父は極めて有望視されていた。が、またもや病魔がそれを遮ったのである。校長試験に一番の成績でうかりながら、面接で相手があまり下らない質問をするのでよい加減に答えておくと、それで落とされたりした。そういうところで融通が利かない人間であった。

それやこれやのうちに、「親の欲目かも知れないが二人とも利発」な息子はどんどん成長して、長男は昭和三十五年にストレートで東大に入学、次男はふらふらと高校は卒業したものの、受験勉強などする気は一切なく、文学同人誌をつくったりしていたが、昭和三十八年にやはり東京の國學院大學文学科

写真１　創立間もない尼崎市立立花中学校
（まだ立花小学校の校舎を借りていた。
後列右端が父・昭和 22 年）

写真２　水堂幼稚園の卒園式で保育証
書を手渡す父
（昭和 30 年 3 月 30 日）

へ入った。「入試の成績優秀につき」授業料一年間全額免除の特待生に選ばれるという、付録つきであった。

戦後の昭和二十二年には、長女も生まれ、やがて地元の短大を出て公立小学校の先生になっていた。この三人は三様にくるしみながら大人になっていったのであるが、三人が同時に大学生のころの、親の経済的苦境は、察するに余りある。母は幼稚園経営の傍ら、習字教室も開いて小中学生を教えて、なんとか学資の工面をしてくれた。父は、あいかわらず、病気休職・復職を繰り返して、いつまでも安月給のままであった。

そんななかにも、父と兄とわたしは六甲山に登ってバンガローに泊まったり、紀伊半島の大台ケ原へ登山したり、伊豆大島や四国屋島へ旅したりした。これらの旅はわたしに、人間以上に自然の持つ美しさ、奥深さに共鳴させ、目覚めさせたように、いまにして思うところがある。

定年まで五年を残して、父は学校教師を辞めた。胃癌の手術のあとの激しい喘息の発作に呻吟するなかでの、決断であった。わたし

写真３　立花中学校校庭に立つ父
（昭和20年代半ば）

はこれに対して、「いいよ。お父さんはもう、充分にはたらいたんや」と言って賛意を表した。しかし、母はそうではなかったようだ。「いったいこれからどうやって、生活していくのよ」というのが、そのときの母のセリフであった。

さいわい、それ以後、父は比較的健康に恵まれて、各方面から頼まれる講演や読書会に、盛んにでかけるような日々を送ることができたのである。（写真4・写真5）

わたしは昭和四十五年の春、國學院での一か月に及ぶ合宿講習会で神職資格（正階）を取得し、帰郷。やがて父の後を継いで水堂須佐男神社の宮司となる。

3

ところで、そのわたしが帰郷した昭和四十五年の十一月二十五日、作家の三島由紀夫が割腹自殺を遂げた。その日の父の日記の言葉――

驚くべき事件が起った。

本日正午前、作家三島由紀夫は、「楯

写真4　芦屋市にあった阪本勝氏（前列右）の邸宅で森信三（同左）たちと記念撮影する父（後列中央・昭和45年1月7日）

の会」会員四人を率い、日本刀・短刀を持って、東京新宿区の自衛隊駐とん地の東部総監部に押入り、益田兼利総監をイスにしばりつけ、ベランダから約八分間演説した後、益田総監の目前で割腹自殺をとげ、森田会員が介借、ついで、森田が割腹、他の会員が介借した。間もなく、他の三人は捕えられた。

まことに、驚天動地の事件である。

三島の檄文を読むと、憲法改正に依て、自衛隊を国軍として明確に認めるべきであるのに、いっこうその動きがないことに絶望し、死を以て抗議するというのである。

三島の自決をめぐって、賛否両論あり、人によって受け取りかたはそれぞれ違うであろうが、とにかく、大きな波紋を呼び起すことであろう。

父は、相当強い衝撃を受けた模様だ。次の日――

新聞紙の報ずる三島事件の反響は、人さまざま。［中略］私自身の正直な気持は、一種の劣等感である。陽明学的なかれの行動は、それなりに「見事」なものである。かれほどの勇気を持ち合わせない人間、とやかくあげつらうことは、むしろ笑止である。

唯、問題になるのは、かれが戦争体験を持たず、軍隊というものの体質が、いかに大衆的なものであるかを考えず、自衛隊員即武士であらねばならぬと、美的に考えた点である。二・二六事件はあくまで、大衆に基盤を置いたのと、対照的である。

また、次の次の日——


三島由紀夫の事件について論ずることは、やさしい。しかし、本当に深いところで、かれの死をみつめたものが果して何人あるであろうか。

三島、四十五歳。大塩中斎の挙兵と自刃も四十五歳。男ざかりの頂上である。同じ四十五歳に、石田梅巖は、京都で公開講釈を開始した。「席銭入り申さず候。無縁にして御望みの方々は遠慮なく御通り御聞きなさるべく候。」静かに、力強く、かれの教えは、地下水のように民衆にしみ渡ったのである。

民族百年の計を立てて教育革命をめざす者は、大声叱呼することなく、自らの本分を尽くしたのちは、静かに地下百尺に眠るであろう。

その生きかたと死にかたは、外見上は極めて平凡であるかも知れないが、内に秘めた覚悟と気概に於いては、敢て中斎にも、まして三島にも劣らぬものがあろう。四十一歳にして湖西小川村に果てた陽明学者藤樹先生の生涯を見よ。

極めて簡潔な記述を主とした父晩年の日記としては、こんなに数日に渉って長々と同一事項を書くこと自体が、異例なことである。昭和二十年に二十歳であった戦中派の作家三島由紀夫の異形の自決は、歳を食った戦中派であった父、また文学に造詣浅からざる人間の父、その父の戦後の生の在りどころの中心を、はげしく揺さぶったのだ。

写真５　還暦を迎えた父
書斎にて（昭和47年２月６日）

余談であるが、森信三（京大哲学科での西田幾多郎の教え子で父後半生の先師。当時、尼崎で近所に住んでいた）は、父に尋ねたそうである。

「御子息の武男さんは、この三島由紀夫の死について、どう語っておられますか」

「いえ、別段なにも」

「ほう、それは偉い。黙っていることほど、この際、むつかしいことはないのです」

そんな会話があったと、父は話して、「何も言わないで褒められるとはね」と、うれしそうな顔をわたしに向け、小さく声を立てて笑った。森信三も父も、わたしが自殺した文学者や思想家に深い関心を持っていることを、よく知っていたのである。

昭和五十年、父六十三歳。めでたい出来事があった。創設されて間もない尼崎市文化功労者賞を、文学部門ではじめて父が受賞した。「文学で、というのが嬉しいね」と、父は喜んだ。

その一年半後の昭和五十二年六月十五日払暁、父は自宅の裏庭で、首を吊って死んだ。六十五歳であった。十年振りに再発した癌は、すでに全身を犯していて、病苦の涯のかなしい結末であった。しかし、ようやくにして願望を遂げ、死ぬことが出来た父であった。

のこされた遺書に、「こういう最期を遂げて、まことに申訳ないが、私の生涯の最大のわがままとして許してお呉れ」とあった。その文句は、父が最も敬愛した芥川龍之介の遺書のなかにある「今僕が自殺するのは一生に一度の我儘かも知れない」という言葉と、よく似ていた。

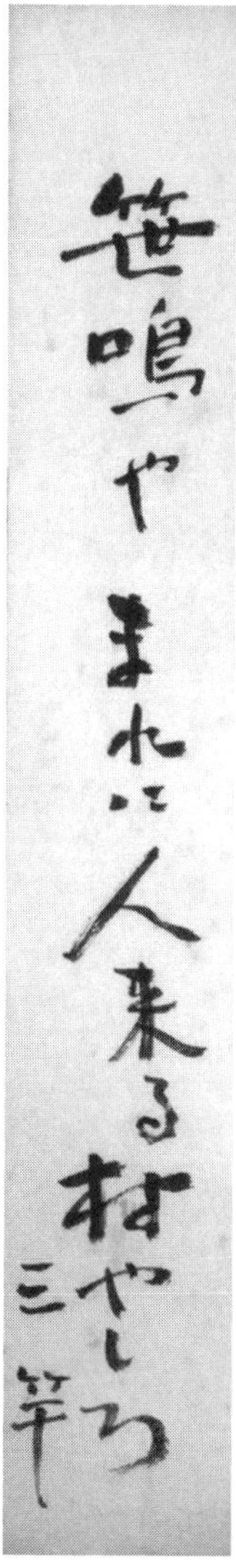

写真6　秀男の「笹鳴きや…」の短冊（昭和三十三年）

《第十三章》

神職になるまで――不良息子の育ち方。

［自分のこと〈1〉］

1

わたしは、現在、七十三歳である。

この歳になって、ようやく前回の「父のこと」を書くことが出来た。父の死を、正面から向き合って語ることが出来たように思う。

ここに到るまでにわたしは、無慮、三十八年という歳月を要した。

この三十八年間のほとんどを、父の後を継いで、村やしろ水堂須佐男神社の宮司として働いて来た。父の死に伴って三十四歳で宮司に就任し、つい最近、七十歳を境にその職掌を息子に譲り、みずからは名誉宮司となった。

しかしわたしは宮司になるまえから、禰宜《ねぎ》として、父の神社の仕事を手助けしていた。そして、もっと以前、幼少期からして、「お宮さんの子」であった。それに加えて水堂幼稚園の「園長先生の子」、地元の立花中学校の国語教師の「先生の子」であった。この生活環境は、兄や妹も同じであったはずだが、受け止め方はそれぞれであったろう。

ここでは、神職という家業と幼稚園経営という仕事を――まさしく両親が心血を注いできたふたつの仕事を両方とも受け継ぐ立場に立った自分の、とても容易くはなかった、試行錯誤と紆余曲折と、度重なる試練に満ち満ちたプロセスのことを、しかし、さらっと、語ってみようと思う。

この累代記にこれまでに登場願った、江戸期から現代に到る上村佐内《さない》、佐右衛門、佐左衛門、道賢《みちかた》、秀次《ひでつぐ》、秀男は、皆それぞれにそれぞれの時代と人間の個性を背負って、独自の道を歩いた神職であった。

あるとき、それはまだわたしが大学生のころだが、父秀男から、こんな便りをもらったことがある。

来年度は、是非教職課程を取ってほしい。武男に、教育者としての私が求め続けたものを受け継いでほしい。このごろしみじみそう思うようになった。佐左衛門・道賢・秀次・秀男と受け継いできた教育者の系譜です。

教育者の系譜――神職の、ではない。もとより、神職資格も教職資格も取って、大学を卒業するということが、両親がわたしに懸けた願いであった。兄は、高校時代から父親とのソリが合わず、長男でありながら自分は神社も幼稚園の仕事も継ぐ気など、毛頭ないのであった。そして、妹はといえば、このとき（昭和四十年十二月）すでに短大を出て尼崎市立小学校の新米女教師になっていた。

父の、この便りを書いたときの心中を思えば、わたしはいまでも胸がつぶれそうになる。まだまったく、海のものとも山のものともつかない、いちばん頼りにならないわたしに、父は生涯の夢を託したのである。父は、この「教育者の系譜」に対して、深い誇りを抱いていたのであろう。その誇りと夢とを武男に――というのだ。

わたしはそのとき、まだ二十二歳であった。

父のこの言葉に対する、息子の返答は、こうであった。

寒くなってきましたね。日本の風土には四季があるゆえに、それなりにユニークな日本的文化を生んできたのですが、また他面、四季があるゆえに、いわば四季的人間が多く育ち、ひとつのことに徹して生きるという生き方がしにくく、おもうに、本来的な意味で哲学者が育ちにくい風土と言わねばならないように思われます。

どう読んでも、返事になっていない。

返事の仕様もなかったのにちがいない。当時、次男坊の息子の関心は、たしかに強く深く「教育」の理論と実践にあった。――『飛べない翼 久美浜少年院手記集』（地主愛子編・昭和三十三年）、『村を育てる学力』（東井義雄・昭和三十二年）、『島小の女教師』（斎藤喜博編・昭和三十八年）といった実践記録から、マカレンコ『愛と規律の学校教育』やニイル『問題の子』『問題の親』といった翻訳書にいたるまで、まるで荒れ地に水が吸い込むように、読み耽っていた。

そして、自分が通う大学の講義に対しても、何百人もの学生を相手にマイクで講義をする、そういうのはほんとうに教育なのかと批判する文章を学内で発表したりした（「監禁された学生」）。

それはやがて、自分は日本一の教師になるんだ、という思いに、わたしを駆り立てた。

けれども、かなしいかな、その思いは、現実に教員免許を取るという地平に降り立つことはなかった。

両親は、さぞや、がっかりしたことであろう。せっかく苦労して東京まで遊学させてやったのに、なんという体たらくか、と思ったにちがいない。

そのうえ、留年・中退・就職・病気入院・復学というジグザグを経ながら、大学を卒業することさえも、できなかったわたしである。

ただ、すでに述べたように、神職資格だけは取得して、帰郷した（写真1）。

「ほれ、これが講習修了証、これが正階検定合格証」

と言って、台所の机のうえにその大きな証書を広げて見せたときの、両親の、安堵したような、諦めかねたような、変てこな表情をいまも忘れることが出来ない。神社本庁の傘下にある大小どのような神社でも、そこの宮司に就くためには、正階という神職階位を持っていることが、必須な

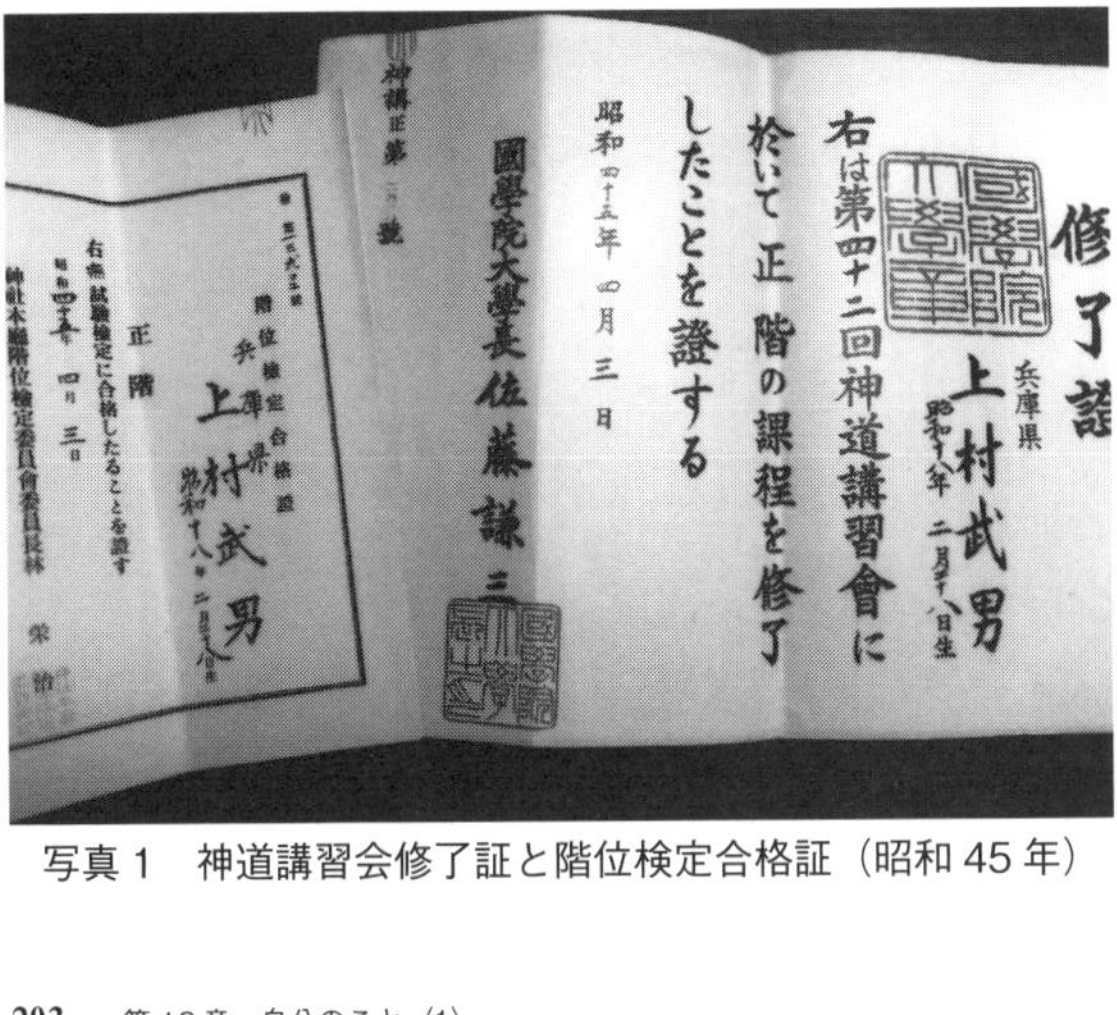

写真１　神道講習会修了証と階位検定合格証（昭和 45 年）

のであった。その必須だけは、なんとかクリアーして、在学中に詩集『帰命』（昭和四十二年）――わたしの最初の著書であった――が縁で知り合った女性との結婚も決め、親元に帰った。

それにしても、どうしようもない次男であった。

いったい、長い東京暮らしのあいだ、この青年はなにをしていたのか。そう聞かれれば、

「かれは、兎にも角にも、自力でとことん、考えることをしていたのだよ」

とでも答えるほかあるまい。教育や文学から、関心の中心はおのずから哲学に移っていた。哲学といっても、その方面の学者・研究者になろうというのではない。魂の平静――それを求めていた。生きる底力――それが欲しかった。それを哲学のなかに求めたのである。わたしの勉学の仕方は、いつも、そういう姿勢に貫かれていた。あるいはこう言いかえてもよい――《ああ、このせかいはわたしの精神を幼いころからおびやかし、わたしを内部へ、わたし自身の内へと追い返してきたが、いまなおわたしは依然としてこの苦しみにさいなまれている。わたしのような仕方で遭難した、不幸な、挫折したすべての詩人が、みずから面目を失わずには入ることができる病院がある――それは哲学という病院だ》（ヘルダーリン）

神職に就きながら、哲学をやる――それが、わたしの生活第二章の在り方であった。

「武男は、からだも弱いし、神職なら時間の余裕もあるし、好きな文学なり何なりのこともできる。武男には向いている」

父は、そう思ったようである。それは、よく当たっていた。しかしながら、熱し易く醒め易いこの息

子、気はやさしいが何事においても実力を出し切るまで努力せず、優柔不断で意志薄弱で、自意識過剰で自分に甘いというこの息子の「不良性」は、なかなか治る様子がなかった。

こういうことなら、いくらでも拾い出して書くことが出来る。が、やめておこう。

「教育者の系譜」――それは、わたしが神社と幼稚園という二つの仕事、職場を親から受け継ぐ道程において、わたしなりの仕方でもって、継承してきたとおもうからである。五十年掛かったけれども、だ。

2

少年のころのはなしをしよう。

昭和二十八年七月二十六日、学校が夏休みに入ってまもなく、小学六年の兄と小学五年のわたしは、父と三人ではじめて六甲山に登った。それも、山で一泊するのである。兄弟の胸は、期待にふくらんでいた。

その時の、十歳のわたしの極めて幼い日記が残っている。

きょうは六甲山へのハイキングをしたのである、そしてばんはバンガローでねたのである、それからあくるあさおきて、山上駅までバスでのぼった、それから東六甲へいった（七月二十六日）。

きょうは東六甲から西のはしのまや山のおてらへいっておまいりをして、かいだんをおりて神戸の町までおりていった。それから食堂へはいってカレー・ライスをたべてから、えいがを見た。それがすんでから、そとへでて、金ときをたべて帰った（七月二十七日）。

書き写していると、なんだか飛び飛びにぶつぎれな映画のシーンを見ているようで、奇妙にシュールな気分になってきた。これはこれで、幼い子供の感受性の一種を現わしているのかもしれないと、へんな納得の仕方をした。

ところで、なぜか同じ日の兄の日記も、わたしの手元にある。ちょっと借用してみたい。兄よ、許せ。

ぼくはうれしくてたまらない。
今日から明日にかけて一泊の予定で六甲山に行くのだ。
九時にお父さんと弟とぼくの三人で家を出た。
ぼくらは六甲道でおりて、そこからバスに乗った。
そしてケーブルにのりかえた。
山上駅でケーブルをおりて、キャンプ村へ行って小型コッテージを頼んだ。
それから又ケーブルで下ってある池へおよぎに行った。
池には、たくさんの人がおよいでいた。
ぼくらはボートをかりた。

そして御父さんにこいでもらって、ぼくはボートのうしろにつかまって泳ぐけいこをした。

これはたいへんゆかいだった。

ぼくらは一時間ほどして、六甲山キャンプ村へもどった。

晩は、月食の観測をした。

月はたいへんきれいだった。

ぼくは、ゆめを見るような気持で月を見ていたが、知らぬ間にねむってしまった（七月二十六日）。

朝起きたら冷気が身にしみた。

ぼくらは九時前にキャンプ村を出てバスで東六甲へいった。

ぼくらはそこで虫をとったり、石をなげたりして遊んだ。

それからバスで山上駅まで行った。

そして又、バスにのりかえてまや山へ行った。

ぼくらはバスをおりてまや山の中にある天上寺へ行った。

けれども天上寺へ行くまでは悪い坂を下らねばならなかった。

ぼくらはお寺におまいりしてから長いかいだんをくだった
そしてケーブルの線路にそって山を下った。

ぼくは足が棒のようになってしまった。

そして山を下ってからは三宮へ行って映画「紫頭巾」と「残侠の港」というのを見た。

ほんとうにたのしい二日間だった（七月二十七日）。

どうもこれは、いかにも優等生の作文で、面白味というものがない。しかし、シュールからはちょっとリアルに降りて来た感じはある。それではつぎに、父の日記の文章を引こう。

忠男と武男とを連れて六甲に登る。私鉄ストで懸念したが、ケーブルは運転していた。山上を一周りしてから、又ケーブルで降り、神戸大学前のダムのため池でボートに乗り、一時間ばかり遊ぶ。再び山上に到り、テント村にて、バンガロー（コッテージと呼ぶ）を一軒借る。宿泊料四百八十円。入浴後、持参のすしを食べる。八時ごろ、月、東の峰を出で、折から皆既月蝕の始まるを、まのあたりに見る。

忠男と武男は八時すぎに寝てしまったが、眼が冴えてなかなか眠れず「現代俳句」（山本健吉著）を読んだり句を作ってみたりして、十二時すぎまで起きていた。

月涼し屋根より落つる露の音　　三竿
月涼し露ぽとぽとに落つるころ
月涼し草履いつしか露じめり
山あぢさゐ色濃きまゝに秋近き
山紫陽花色冴えながら秋近き

ケーブルやいつしか秋の風となり（七月二十六日）

五時すぎ起きる。山頂の冷気は身にしみる。顔を洗い、昨日食べ残して置いたパンを食べる。子供二人は、しきりにはしゃいでいる。八時半ごろテント村を出る。バスで東六甲の峠茶屋に到り、あたりの雄大な景色を賞でて、又、ケーブル終点に引き返し今度は奥摩耶に到り、山［天］上寺に詣でる。寺は荒れて居り、大学生が二人昼飯を食っていただけである。聞けば、摩耶ケーブルは戦時中に資材提供のため廃止したきりで、復活していないという。疲労と空腹のためひどく弱った忠男を励まし、その手を握りしめつつ、ケーブル線路をくだる。灘消防局の前に出、バスで三宮に到り、ライスカレーを食って、やっと人心地がつく。三宮で、映画「紫頭巾」を観て帰る。二日間、好天気に恵まれ、二人の子供は大喜びであった（七月二十七日）。

写真２　六甲山にて　右から父、兄、私
（昭和 28 年 7 月 26 日）

この日、峠茶屋あたりで写真屋に撮ってもらったと覚しき写真がある（写真2）。いい写真だ。以前（平成十九年）、父没後三十年の記念として、わたしがこしらえた私家版のアルバム『父の肖像』のなかに、その写真を入れたが、解説にわたしはこんなことを書いている。

六甲山にて。右から父、兄、わたし。腕の中に持ちものをぎゅっと抱え込むようにするのは父のいつものクセであった。わたしはわたしでこの写真のように腰のあたりに手を持っていく習癖があった。いまもってそうだから恐ろしい。兄は、ちょっと首をかしげる。これもクセ。道端の生い茂る夏草の光がなんともいいではないか。左中央に「六甲山」と記名が入っている。このとき、わたし十歳――人生最高の輝きの時であったかもしれない。父はどうであったろうか。この写真の父はどこか芥川龍之介に似ている。

3

わたしは、小さいころから親の手伝いをよくした。買物、掃除、洗濯などは、いつもしていた。母に言い付けられてする手伝いはいい加減にしていたが、父とする仕事は一生懸命であった。そして、いつも、楽しかった。そうした感じは父が死ぬまで持続していた。

父が発行していた月刊の個人誌の発送事務や、著書の清書など、厭わずに引き受けていた。これは二十代前半、東京遊学時代や、その中間に挟まるサラリーマン時代のことである。

サラリーマン、勤め人といっても、血を吐いてぶっ倒れるまでのわずか一年足らずの期間のはなしだが、その勤め先（大阪府吹田市教職員組合事務局）には大型のコピー機があって、それをこっそり使って父の個人誌を印刷したりしていたこともある。Ａ４二つ折り裏表で五百部以上はあったろうか。上司は、判っていたに違いないけれど、眼をつむっていてくれたのであろう。

とにかく、父の手伝いをしていると、わたしの心は満ち足りて、そして落ち着いた。

父在るのほかは思わず秋祭り　　武男

などという句を、恥ずかしげもなく作ることができる、そういう息子であった。神社には、祭りに限らず、いろいろな日常の仕事があって、たとえば、社殿の拭き掃除とか、社務所の屋根掃除とか、境内の落ち葉やゴミの掃き掃除とか。掃除ばかりだが、祭りとなると、一気に無数の仕事が押し寄せて来る。わたしはそれを出来る限り、父を手伝いながら、やった。資格もないのに、七五三参りのご祈祷を、父と手分けして務めたこともある。

しかし、いくら風邪をひいて鼻水を啜っていようが、高熱があろうが、喘息の発作がきて顎を上下させながら苦しい息を吐いていようが、一社の宮司たる者、祭りの日に神事を休むということはできないのである。わたしが代行するわけにはいかない。

ある年の秋祭りの日、祭典が始まる直前、社務所で父は、持病の喘息の発作を抑える注射を、母に打ってもらいながら、斎主の装束を着たまま、憔悴した横顔をみせていた。これで祝詞が詠めるのかと思えるほど苦しい息を、顎を呼吸に合わせて上下させ、吐いていた。

そういう父の姿を目の当たりにしながら、わたしは青少年時代を過して来た。そのことが、わたしの無軌道、自堕落を、最後のところで食い止めてくれていたように思うのだ。

「こんなことをしていては、あの父に申し訳が立たない」

という思いが、無意識にしろ、堕ちて行くわたしにブレーキをかけた。そういう意味では、父の病気に対して感謝しなければならない。

病気といえば、父は生涯を通じてしばしば入院をしている。

虫鳴くや三十にして病まんとす　　三竿

という句があるが、結婚して間もない昭和十五年、三十歳のときに肋膜炎《ろくまくえん》で入院して以来、翌十六年、そして戦後の昭和二十四年と三十一年と三十七年。皆、胸部疾患であった。そのために、「新生」を期して全身で取り組んだ学校教師の仕事も、ぶつ切りの魚のように寸断され、家庭を淋しくさせ、本人は苦しい沈潜の生活を強いられることとなった。

しかし、残酷なことながら、子供には親の苦労や悲哀にまで気が回らないのが普通である。私の場合も例外ではなかったろう。

写真３　武庫病院に入院中の父（昭和 31 年）

昭和三十一年の入院のとき、わたしは中学二年であった。父が、こんなことを書いている。

> 次男の武男は私の入院を最も悲しんだのではないかと思う。入院の前夜、涙をぽたぽた落して、悲しんだのは武男であった。よく自転車で病院へ物を運んだりしたが、尼宝道路の守部の陸橋を下って、武庫病院が見えて来ると、走り乍ら手を挙げて合図したという。もとより私にはそれが分かる筈がないので、合図の返事をしてやるわけにはいかない。それでも武男は自転車から私の病室の窓に向かって手を振るのであった。中学二年であったが、私の入院中眼に見えて成績が下った。それでも級友に人気があるのか、ずっと委員長をしていた（『教壇三十年』）。

そんなことを、わたしはもう忘れてしまっている。しかし、近年になって、驚いたことにこの野の中の病院へ強制入院させられていた父の、病室での姿を写した写真のスライドネガが出て来た。現像に出してみると、かろうじて像が浮き上がった（写真3）。粗末な狭い病室のベッドの傍らで、父がどてらを着て座っている。わたしが撮ったものだ。これがわたしが撮影した父の最初の肖像と思われる。このころから、たぶん父が持っていたか、父に買ってもらったのであろうカメラで、家族や身近にある風景などを撮るようになった（写真4）。それにしても、そんな古いネガをよく残しておいたものである。

ところで、父が入院する前夜、中学二年の次男坊は「ぽたぽた涙を落して」泣いたというが、そういう「情緒過多」なところは、成人してからも直らなかった。

三十代はじめ、先の妻と離婚して間もなくに書き下ろした『高村光太郎——高貴なる生の廃屋』（昭和五十年・弓立社）について吉本隆明が書いてくれた評に「多少の情緒過多はあるとしても」とあったように、である（「自己劇化による高村像」昭和四十九年）。

そして七十を過ぎて、いまやわたしは、情緒過多なおじいさん。

父の死に遭い、宮司を継いだとき、何度も言うようだが、わたしは三十四歳であった。

次章はその宮司就任から後のはなしをしたい。

写真４　水堂須佐男神社　真夏の昼下がり（昭和 38 年）

《第十四章》

「村の神官」――宮司就任、神道青年会、そして著述。

［自分のこと〈2〉］

1

父の死に遭い、宮司を継ぐことになったわたしは、これまで神社の仕事はよく手伝っていたので、神事に関しては引き継ぎが簡単なつもりであった。けれども、いざ宮司となって一社の全責任を負う身になってみると、事態は一変、たいへんさが身に沁みた。

元来が「哲学的思索に耽る」タチの人間である。それが、やれ会計決算だ、総代会の開催だという日常生活的な、対人関係的な、いわば「哲学の生」ならぬ「事務の生」の世界の大波をいきなりかぶることになったのだから、溺れるのは必定であった。

先の妻との離別、つづいて父を失った喪失とか

写真1　父とわたし（水堂須佐男神社秋まつりにて、昭和51年10月16日）

なしみは、深かった。「愛する者が死んだなら／自殺しなきゃあなりません」という、中原中也《ちゅうや》の詩の文句を、しきりに思い浮かべたりした。

しかし、死なずに書くこと。「死なずに、どうか、いい作品を書いてほしい」という声に応えること――それが、この大きな喪失とかなしみを、乗り越えるのではなくて、そのままに受容し包容する道ではないか。そういう場所から、わたしの「宮司をやりながら、文学・哲学をやる」姿勢が、次第に身についてきたように思われる。

しかし、これは決して世の神職の、一般的な態度、姿勢ではない。

それでは、わたしの場合、どうであったか。年代記ふうに述べてみたいと思う。いい作品が書けたかどうかは、はなはだあやしいが、つぎに述べるわが思索と体験の道程に、うそはないはずだ。

2

昭和五十二年・三十四歳

春、癌が十年ぶりで再発して父が県立塚口病院に入院。そして、手術。癌はすでに全身にまわっていて、手の施しようもなくなっていた。桜が咲くころ、帰宅したが、六月十五日、梅雨の盛りに死去。享年六十五。翌十六日、折からの土砂降りの雨のなか、告別式を神社で斎行。わたしは次男であるが、神社の仕事を継いでいる関係で、喪主を務める。神社、幼稚園、学校、知友など諸方面から、通夜とあわせて千名もの会葬者があった。父は、惜しまれて死んだのである。

死後まもなくに「挽歌――父をおくる十五首」を詠み、森信三主宰の『実践人』（上村秀男先生追悼号）に発表。詩「挽歌」もこのころ書く。

夏、父の遺稿を編んで全三巻の著作集として刊行する計画をたてる。十一月には早くもその第一巻『語録・自伝』を、父の知友で組織された刊行会から出す。A5判、四百ページ、函入り上製、七百部。頒価は全三巻揃い九千円であった。

秋、東京、栃木・那須塩原へ行く。冬、再婚。京都へ一泊の新婚旅行。

昭和五十三年・三十五歳
二月、『上村秀男著作集』第二巻『全句集・俳論集』を出す。三百十八ページ。意想外に読まれ、第一巻を五百部増刷する。
三月、『吉本隆明手稿』および『帰巣者の悲しみ―死をめぐる短章』を、東京の弓立社から同時刊行。前者は初版二千部、後者は千部。私家版『帰巣者の悲しみ』（昭和四十五年）を分冊し、詩集『帰命』（昭和四十二年）を後者に含めたものであった。『手稿』のほうはたちまち売り切れて、一か月後に千部を増刷する。
六月、『上村秀男著作集』第三巻『随想・講演』を出す。これも四百ページほどの大冊になった。各巻末に、わたしは解題を書いた。第三巻には父の「小伝」も付した。これの刊行と同時に、没後一年の遺作展を、幼稚園を会場にして六日間開催した。

七月十八日、長女優子が生まれる。これを機に、まことに遅蒔きながらわたしは自動車普通運転免許を取得。新生活に乗り出す。

八月、北陸富山の大山町小原《おはら》という奥深い山間へ行き、足立原貫《あだちはらとおる》主宰の「土と人の大学」（いわゆる〈草刈り十字軍〉）に参加して、山の草を刈り、よしず小屋で語り、テントで山肌に寝た。満天の星空が、怖いほど美しく深かった（ちなみに、この〈草刈り十字軍〉は、ことし平成二十八年を最後に、四十三年の歴史に幕をおろした）。

九月、水堂須佐男神社の宮司に就任。同時に水堂幼稚園の設置者となる。

昭和五十四年・三十六歳

妻は、結婚前から幼稚園教諭の経験があり、この春から水堂幼稚園の保育に携わる。

わたしはこの年、尼崎市の神道青年会の会長になり、秋から、会員相互の研鑽を目的とした輪読形式の読書会を、

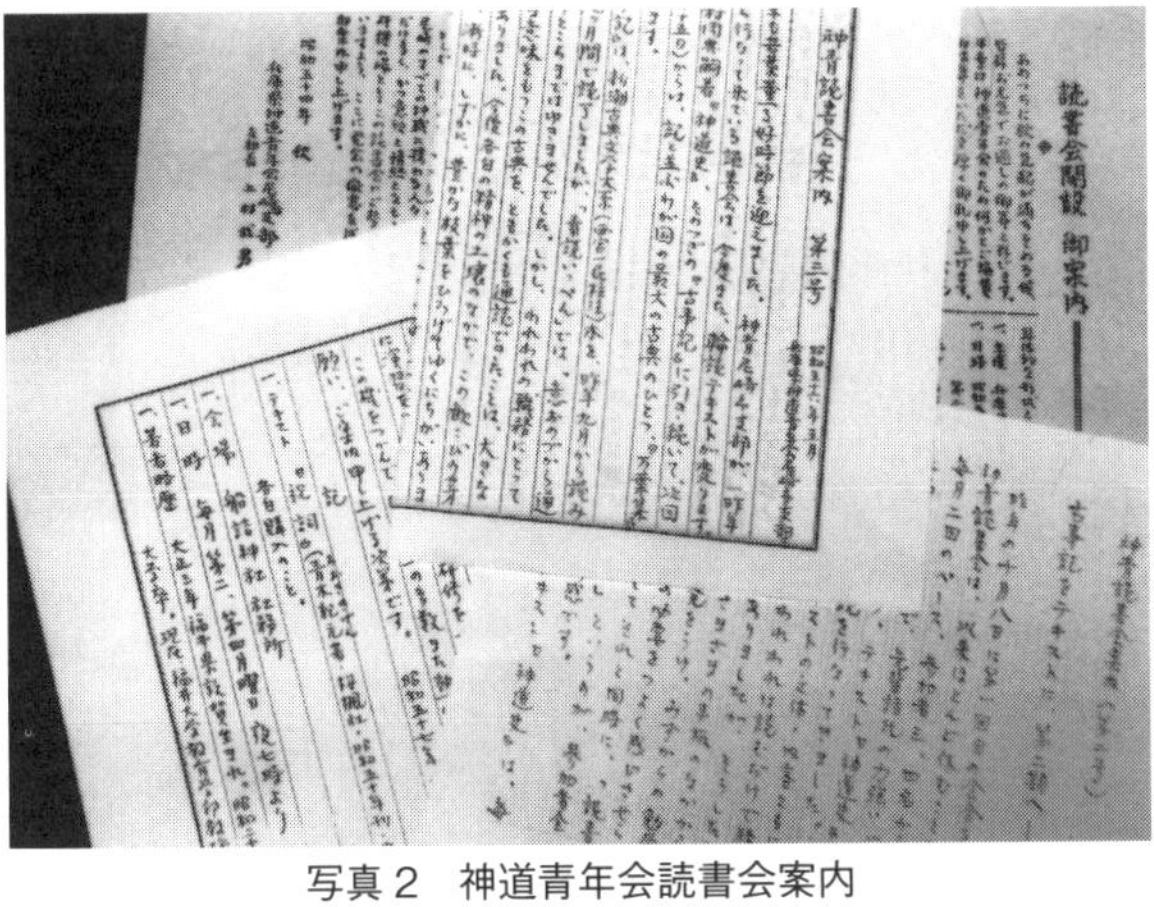

写真２　神道青年会読書会案内

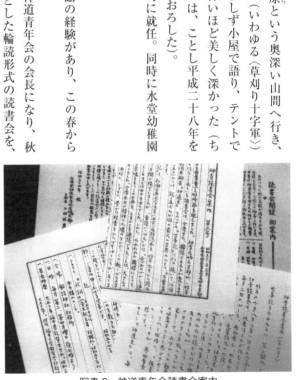

自社で開く。毎月第二、第四月曜の夜に開催。少ない時は二、三人、多い時で七、八人の参会者であったが、以後、会場回り持ちで四年半続ける。その四年半に読んだのは、つぎのようなテキストで、すべてわたしが選定した（写真2）。

村岡典嗣《つねつぐ》『神道史』（創文社、昭和三十一年）
西宮一民校注『古事記』（新潮日本古典集成、昭和五十四年）
斎藤茂吉『万葉秀歌』上下巻（岩波新書、昭和十三年初版）
青木紀元編『祝詞』（桜楓社、昭和五十年）
本居宣長『うひ山ふみ 鈴屋答問録』（岩波文庫、昭和九年初版）
柳田國男『先祖の話』（筑摩叢書、昭和五十年）

昭和五十五年・三十七歳

春先から、西田幾多郎の四十歳の処女作『善の研究』の詳細な解読ノートを取りはじめる。

四月、戦前の公立小学校教諭以来、四十五年に及ぶ教育・社会事業に尽した功績により、母が藍綬褒章《らんじゅほうしょう》を受章。

八月、幼稚園新園舎落成する。わたしが設計素案をつくり、建築資金の一部を負担する。借金であった。借金の怖ろしさを、生まれて初めて知る。

昭和五十六年・三十八歳

六月十日、長男秀嗣が生まれる。わたしはちょうど、神道青年会のメンバーと、三年に一度の、会長として最後の旅行で沖縄へ出かけている最中のことであった。

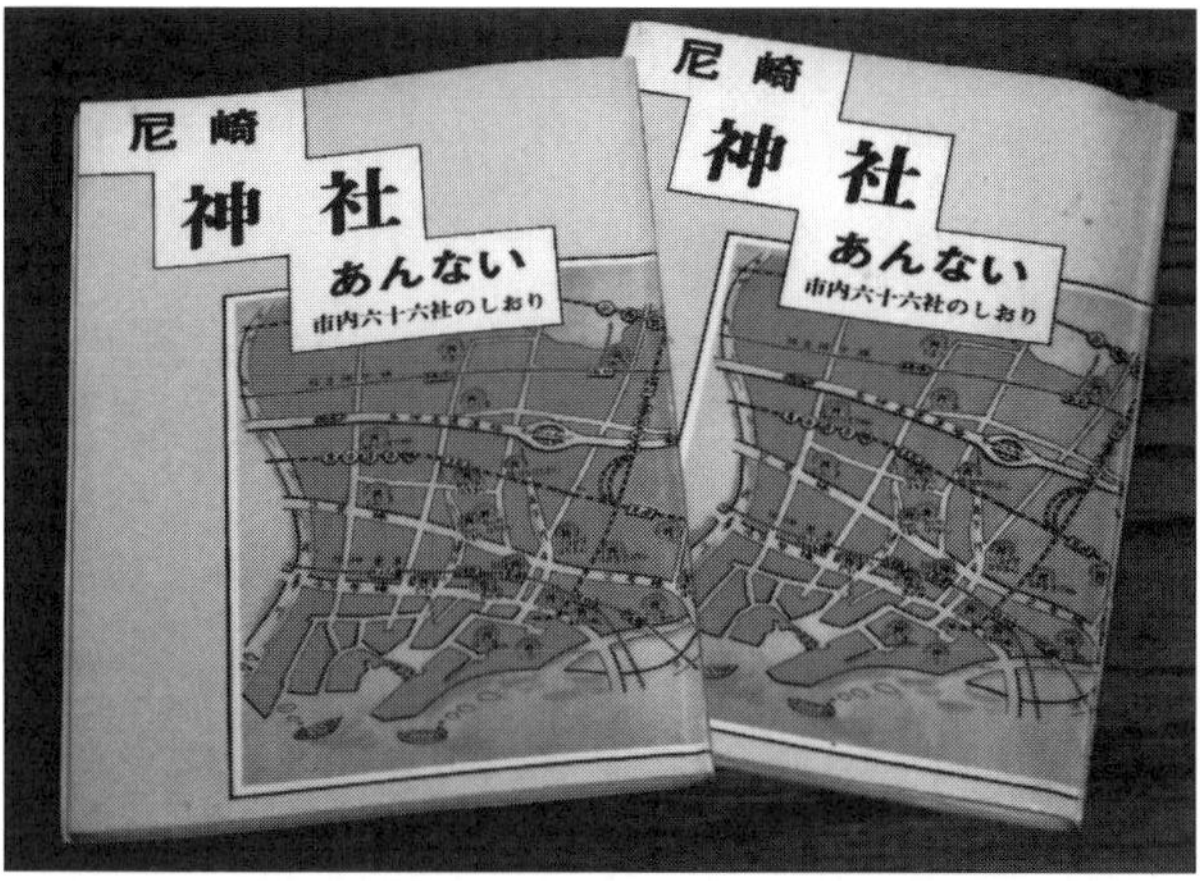

写真３　『尼崎神社あんない　市内六十六社のしおり』表紙（昭和 56 年 8 月）

この長男の誕生を機に、自動車大型運転免許を取得。娘のときは「普通」であったが、こんどは「大型」であった。幼稚園でスクールバスを運転する必要に迫られてのことであった。しかし、周りの者からは「奇蹟が起きた」といって、驚かれた。弱小幼稚園のかなしさ、運転手を雇い入れる経済的余裕はなく、わたしが運転するほかはなかったのだが、本来的に思索型人間の、いつもどこを見ているのか分からないわたしが、トラックのハンドルを握り、滝の汗を流して、仮免路上運転に出て高速道を走っている図は、奇観とも危険とも称すべきであったにちがいない。しかしながら、やってみるとバックでの縦列駐車や、カーブでの高度なハンドルさばきが、終わりのころにはなかなかにおもしろく、得意でさえあった。

七月、生れたばかりの長男と、三歳になったばかりの長女をあやしながら、わたしは妻と二人だけで出来る範囲でと思って、夏祭り（夏越の厄除け神事）をはじめた。わたしと妻は、氏子区域の四千軒からの家々を一軒一軒まわって、厄除けの「人形《ひとがた》」が入った案内封筒を配ってまわった。

あるときは犬にほえられ、あるときはアパートの階段を駆け上り、あるときは迷路のような路地裏に入り込んで、案内を郵便受けに入れていく。恥ずかしいから夜間が多かった。二人とも幼稚園の仕事をしていたので、昼間は手が回らない事情もあった。とにかく、二人ともまだ充分に若かった。

その翌年からは地域の有志の人たちの助力・協賛をえて、本格的にスタートし、現在はたいへんな賑わいを見せる祭りになっている。息子もまた、この祭りと共に成長したようなものである。

八月、『尼崎神社あんない——市内六十六社のしおり』を、兵庫県神道青年会尼崎市支部の仲間とともに編集、刊行（写真3）。一年がかりの事業であった。わたしが書いた宣伝チラシにいわく——

《尼崎のすべての神社の概要を

当地青年神職の手によって、ここに初めて集大成——

市内鎮座六十六社すべての神社建築と境内のようす〈各社写真二葉〉、鎮座地、御祭神、祭礼日、神職名、そして付近交通図から簡単な由緒にいたるまでが、全市鎮座図を付して、いま軽便な一冊の書物に編まれたのである。

精神文化の、わが国固有の伝統のひとつである「神社」——そこに私たちは、遠い民族の祖先が打ちたて、永い年月引き継いできた〈こころのかたち〉を発見することが出来るであろう。〈伝統の風景〉

がそこに見えるであろう。

この『尼崎神社あんない』は、文化都市をめざす尼崎の多くの市民の皆様にとっても、他に類をみない充実した内容をもつ、平明簡潔、至便な「参拝のしおり」である／体裁A5判・94頁〈写真132枚、折り込み地図1枚〉／頒価500円》

こうしたガイドブックの類書がなく、四千部作ったのを、すぐ増刷しなければならなかった。朝日・毎日・読売の各紙も、紹介記事を載せてくれた。この冊子は長く重宝され、阪神大震災後に、後輩の手になる改訂版が発行された。

十月、吉本隆明主宰の『試行』誌上で、「西田幾多郎における〈実在と認識〉――『善の研究』解読の試み」の連載がはじまる。連載は、同誌五十七号から六十七号までの六年間に及んだが、原稿は一括してこの年の春に、吉本隆明の元に送付してあったのである。それが、思いがけず早くに連載になった。「吉本さんは、ちゃんと読んでくれたのだ。ようし！　おれも捨てたものではない」という思いであった。

昭和五十七年・三十九歳
一月、難波八幡神社の社報『片葉の葦』に、小文「ハチマンとスサノオ」を発表。いとこの上村道忠難波八幡神社宮司に頼まれて書いたエッセイ。
五月、「永遠の道は曲がりたり――三土興《みつち》三伝」を書く。三土興三は、大正期の京大哲学科での西田幾多郎の教え子で、天才的学徒であったが、若くして自殺。彼のほか、同じく西田門下の夭折哲学徒たちのことに強い関心を抱き、いろいろと調べ始める。

昭和五十八年・四十歳

三月、四十歳になったのを記念して、創作集『少年のたそがれ』を自費出版。二百部限定。表紙カバーの絵を、当時小学校美術専科の教諭だった妹に描いてもらう。神社にほど近い武庫川のスケッチであった。書斎での肖像写真を一枚挿入する。

八月、『兵庫県神道青年会々報』に、エッセイ「或る夢の話」を発表。

十月、妻が結婚前のものも含め、幼稚園に勤めてから十年間に書きためた創作童話や詩、エッセイなどをまとめて『西先生と三十八人の子どもたち』を自費出版。

十二月、学校法人水堂学園の設立が県から認可され、わたしは理事長に就任する。この法人設立にかかわる、多量かつ煩雑な法的・事務的手続きに、慣れないながらも苦労しつつ、精力を注いで独力で取り組んだ。それと並行して、夭折哲学徒の足跡をたずねて北陸富山の新湊、石川河北郡の宇ノ気、山陰の吉岡温泉、兵庫播磨の御津、京都聖護院、京都府立歴史資料館、大阪府立中之島図書館などへ行く。また、妻と幼い二人の子を連れて、しばしば小旅行のようなドライブに出かけた。

昭和五十九年・四十一歳

西田幾多郎に関するノート、十数冊になる。

年末、妻が過労から狂的な心身症を発症して、入院。大きな衝撃を受ける。拙歌――「右に娘ひだりに息子寝に就かせ眠られぬ夜を父は泣かざり」。宮司としての神社の仕事と、理事長としての幼稚園の仕事と、そのうえに哲学徒としての著述の仕事という「三足のわらじ」を履くことの無理、無茶苦茶が、妻の神経をだめにしたのだ。かなしみは、深かった。しかし、周囲が何と言おうと、離婚しようとは、すこしも考えなかった。そしてわたしの背負った「三足のわらじ」の道は、その後も変わらずに続いた。この業苦はおぶったまま、わたしはこの遠い道程を、歯をくいしばって歩くほかはないのであった。

3

昭和六十年・四十二歳

二月、『哲学徒と詩人――西田幾多郎をめぐる短い生の四つの肖像』を、大阪の編集工房ノアから刊行。文学的資質に恵まれながら、大正から昭和戦前期の間に若くして逝った西田門下の青年哲学徒四人（野崎廣義・岡本春彦・三土興三・青木敬麿）の伝記。「読売新聞」の読書面に短評が載る。全国紙に取り上げられた最初であった。

三月、妻が退院するのと同時に、家族四人で社務所を出て、近くのマンションに転居。

四月、娘が地元の小学校に入学する。

この年あたりから、二十代三十代にはほとんど飲めなかった酒の味を知る。

昭和六十一年・四十三歳

九月、吉本隆明『死の位相学』の書評「死の認識の光における生」を、『而シテ』誌上に発表。

十月、『〈気配〉論―自覚線上における西田幾多郎』を、京都の白地社から刊行する。中期（大正期）の西田の諸作、すなわち『思索と体験』『自覚に於ける直観と反省』『意識の問題』『芸術と道徳』『働くものから見るものへ』をテキストにした、書き下ろしの読書ノートであった。ひそかに愛読、敬愛していた精神科医木村敏の、

本書は一人の詩人による西田幾多郎読解の試みである。…詩人が詩人としての観点から哲学者の思想を読解するということは、ほとんど例をみないのではないだろうか。…詩人の読みに耐えるということ自体、西田の思索に含まれる比類ない緊張感を物語っているのだし、上村氏の感性はこの緊張感をもののみごとに捉えている。現代のせせこましい、さかしらな思想界に、詩人の心を捕らえて離さぬだけの思索が再び出現するのはいつのことだろうか。

という、長文の書評が「図書新聞」（一月十七日号）に載ったのを読んだときには、じつに驚嘆した。十年の沈潜摺伏と自分の孤独な、どこへ向かっているのか分からない、闇のトンネルを潜るような思索

の営為が、まちがっていなかったのだというように思えた。
十二月、水上勉『破鞋《はあい》　雪門禅師の生涯』（岩波書店）の書評を「図書新聞」に発表。

昭和六十二年・四十四歳

三月、「毎日新聞」夕刊社会面のコラム「憂楽帳」（三月十日）に、こんな文章が載った――

彼は小さな村のやしろの三代目神官である。傍ら幼稚園を経営していて、何かと忙しい。その彼が若いころ病床のつれづれに、ふと手にした哲学者・西田幾多郎の著作――この出会いが、以来二十年、彼をひきつけて離さない。

仕事の傍ら、彼は西田の書物を読み続け、思索した。「鉄の勤勉」をもって、すでに二冊の本を書いた。私は、ふとした機会に彼を知り、「軽・薄・短・小」といわれる今の時代にだって、「真摯《し》な哲学精神を、自分の人生のごとく生きる者」もまた、極めて少数ながら健在であることを知った。日々の仕事に従事しながらも、真理を求める純な心を持ち続けていることを知るのは、喜びだった。

今夜も彼の書斎には明るい灯がともるだろう。そこでは知恵の女神ミネルバの使いであるフクロウの声も聞かれるかも知れない。レンズを磨きながら思索し、大著「エチカ」を完成させたオランダの哲学者・スピノザのように、「仕事と思索」の両輪で頑張ってほしい。

伽藍《がらん》の聖人や象牙《げ》の塔の哲学者も、ともに称賛される人たちだが、貴重なのは、彼のような〝市

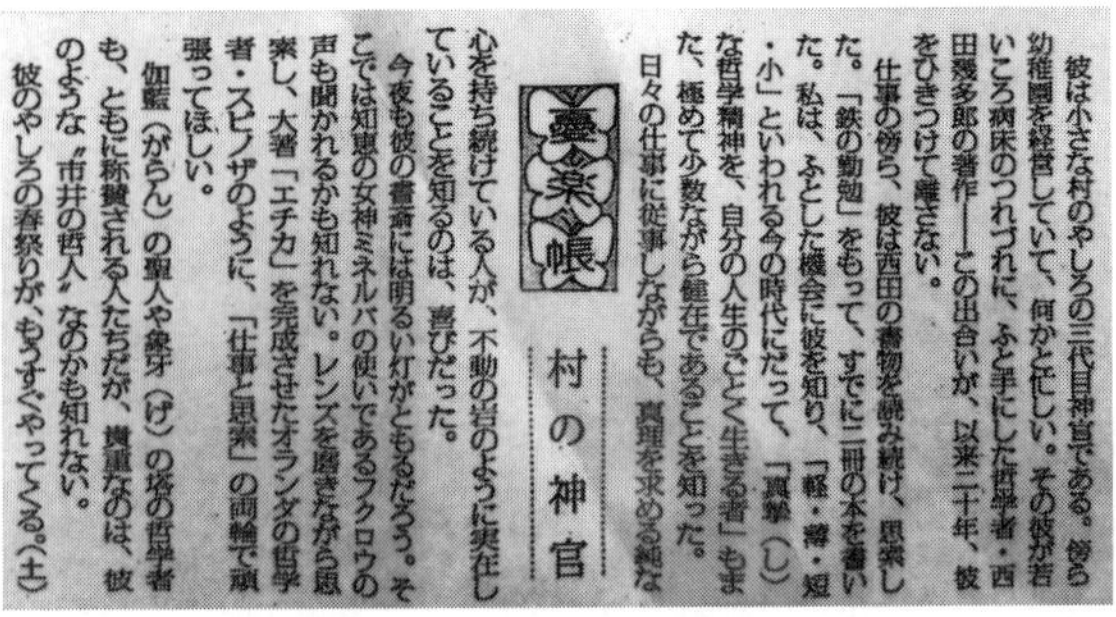
憂楽帳

村の神官

彼は小さな村のやしろの三代目神官である。傍ら幼稚園を経営していて、何かと忙しい。その彼が若いころ病床のつれづれに、ふと手にした哲学者・西田幾多郎の著作――この出合いが、以来三十年、彼をひきつけて離さない。

仕事の傍ら、彼は西田の書物を読み続け、思索した。「鉄の勤勉」をもって、すでに二冊の本を書いた。私は、ふとした機会に彼を知り、「軽・薄・短・小」といわれる今の時代にたって、「真摯（し）な哲学精神を、自分の人生のごとく生きる者」もまた、極めて少数ながら健在であることを知った。

日々の仕事に従事しながらも、真理を求める純な心を持ち続けている人が、不動の岩のように実在していることを知るのは、喜びだった。

今夜も彼の書斎には明るい灯がともるだろう。そこでは知恵の女神ミネルバの使いであるフクロウの声も聞かれるかも知れない。レンズを磨きながら思索し、大著「エチカ」を完成させたオランダの哲学者・スピノザのように、「仕事と思索」の両輪で頑張ってほしい。

伽藍（がらん）の聖人や象牙（げ）の塔の哲学者も、ともに称賛される人たちだが、貴重なのは、彼のような〝市井の哲人〟なのかも知れない。

彼のやしろの春祭りが、もうすぐやってくる。（土）

写真４　毎日新聞コラム「憂楽帳」（昭和62年３月10日）

井の哲人〟なのかも知れない。

彼のやしろの春祭りが、もうすぐやってくる。（土）

この「彼」はわたしのことで、先の木村敏の書評に続いて、これまた眼が覚めるような驚きであった。コラムは、題して「村の神官」とあった（写真４）。

七月、歌集『伝記する歌』（白地社）を刊行。これまで親しんできた詩人、思想家、作家たち―北村透谷・梶井基次郎・中原中也・西田幾多郎・高村光太郎・折口信夫・吉本隆明との出会いを詠んだ三十五首をはじめ、自伝詠「よもつひらさか」五十首、父をおくる挽歌十五首、エッセイ「山陰＝ある詩的幻境――前田純孝歌に触れて」などを収めた。

十一月、父の没後十年を期して、水堂須佐男神社境内に句碑を建立。父の知友の協賛によるものであった。除幕式でわたしは祝詞を詠んだ。碑には、「時鳥《ほととぎす》　雨夜となりて人恋し　三竿」と刻む。

この年、妻が「わたしの保育記録」全国コンクールに、「手作り給食の実践から――人間教育の土台づくりをめざして」を応募し、佳作入選。

昭和六十三年・四十五歳

一月、『梶井基次郎　落日の比喩』（編集工房ノア）を「大阪文学叢書1」として刊行。

四月、『西田幾多郎　過程する球体――「善の研究」論』を、京都の行路社から刊行。『試行』に連載した論稿に、「『善の研究』文献ノート〈一九〇七―一九八七〉」をあらたに加えたもので、これでわたしの『哲学徒と詩人』『〈気配〉論』と合わせた西田論三部作は完成をみたのであった。

《第十五章》

歴史の井戸の奥底へ――山陰紀行、阪神大震災、そして祝詞論。

［自分のこと〈3〉］

1

吹けば飛ぶような、小さな村やしろでも、百年経てば、神職の貌が三代、四代と積み重なっていく。一般に神社は世襲を旨とするわけではないが、すでに述べたようにわが社では、父から息子へ、息子からそのまた息子へというように、世襲で宮司を受け継いできている。その間に、時代はめぐる。神社を取り巻く地域の生活意識も変遷する。当然のことである。生々流転――そんな言葉が思い浮かぶ。生き変わり、死に変わり、また生き変わり、それをもう、永劫回帰のように繰り返す。出で立ち、踏み迷い、何事か知り覚えたかとおもう間もなく、もういっさんに還りゆく人間の生涯である。そのなかで生じるなべての劇――とりわけ死んでしまった者と生き残ってしまった者との対話、語られざる物語をこそ、歴史という名で呼びうるのかもしれない。この歴史の草むす井戸は、かぎりもなく深い。

年号が平成に替ってからのはなしをしよう。そうして、明治から平成に渉るほぼ百五十年の、一介の村の鎮守の小さな物語をしてきたが、それもようやく閉じる時が来たようである。

前章に続いて、簡単な年代誌のスタイルをとって、平成時代の自分のことを述べてみたい。

2

平成元年・四十六歳

昭和が平成に替る前後のころ、わたしはしばしば山陰地方へ小旅行に出かけた。兵庫県の尼崎からだと、車で日帰りか一泊ぐらいで、大抵の目的地へ行くことが出来た。もともと、仕事の隙間を狙って出かけるのであるから、長逗留はできないのであった。

そうやって訪ねて回った山陰ゆかりの、わたしが好きな人物と場所は、

山川登美子・若狭小浜《おばま》
尾崎放哉《ほうさい》・若狭小浜
前田純孝・但馬《たじま》諸寄《もろよせ》
因幡源左・因幡山根
河井寛次郎・出雲安来
浅原才市・石見温泉津《ゆのつ》
田畑修一郎・石見益田
香月泰男・長門三隅
金子みすゞ・長門仙崎

種田山頭火・長門川棚

というものであった。歌人、俳人、真宗妙好人、陶芸家、作家、画家、そして詩人。多種多様な人物と、その人物を産んだ風土――わたしは、何者かに憑かれたように、訪ね歩いた。歩きながら、書いた。書いては、読み、また歩いた。歩くことが、そして山陰という土地の光と風とが、しだいにわたしの凝り固まった心身を解きほぐすかのようであった。

この年の初め、気がつくと、『山陰を旅する人たち――山川登美子から種田山頭火まで』と題した評伝紀行を、わたしは一気に書き下ろしていた。そして、この本は、朝日新聞（高橋英夫筆）と山陰中央新報（岡部康幸筆）に、大きな書評が出て、二十代に書いた『吉本隆明手稿』とともに、わたしの書きもののなかでは、いちばん世に受け入れられた本になった。カバー挿画には、香月泰男の油彩「雪降りの山陰風景」を使わせてもらった。

春に「山陰の魂が呼ぶ」（山陰中央新報）、秋に「〈幽かな荒い気配〉―山陰の文芸と風土を追って」（産経新聞）を発表。

平成二年・四十七歳

一月、水堂幼稚園の週刊保育通信「子らとともに」に、エッセイの連載をはじめる。一回千字程度のものであったが、この連載は、園を閉じるまでの六年あまり書き続けた。これと並行して、保育の時間を借りて「園長先生のことば教室」というものを、一回十五分から二十分、随時に実施。園児らと、谷川俊太郎『ことばあそびうた』、長谷川摂子『きょだいな　きょだいな』、加古さとし『からだの本』シリーズなどの絵本や紙芝居を読む。たいへん愉快であった。

五月、『続山陰を旅する人たち』（正続ともに編集工房ノア）を刊行。訪ねた場所と、取り上げた人物は、つぎのとおりであった。

丹後半島――与謝蕪村

城崎温泉――志賀直哉（Ⅰ）

鳥取砂丘――有島武郎《たけお》

伯耆大山《ほうきだいせん》――志賀直哉（Ⅱ）

出雲松江――小泉八雲

島根半島――長谷川摂子

日御碕《ひのみさき》――島崎藤村

江の川――中村憲吉

津和野――安野光雅《あんのみつまさ》

この続編は、人物というよりは、そのひとの「表現」を産み出した山陰なる風土、風景、地霊に呼ばれるようにして、訪ね歩いた旅であったように思う。そしてこんどは、安野光雅の画集『津和野』から、表紙カバーの挿画を採ったのであった。

この年四月、母にかわって水堂幼稚園の園長となる。財布の底を叩いて六月から神社境内で建築工事にかかっていた自宅（社務所）が出来上がり、年末に引っ越しをして、六年間のマンション暮らしに別れを告げる。また、この年から葉書サイズの小さな手帳を使って、一日二百字程度の日記をつけ始めたが、これはどういうわけか、現在も続いている。

平成四年・四十九歳

六月、『生きる歓び　生きる悲しみ――ある幼稚園長の土曜通信』を刊行。週刊保育通信に連載したエッセイのほか、新稿「父とわたし」「宮津――はじめて山陰を歩いたころ」などを加え、その間に「ジェーン台風が来た日」（授業記録）「梶井基次郎と佐伯祐三」（講演記録）を挟んだ、分裂ぎみな、まとまりに欠けた構成の本であった。

ところが、岡山在住の詩人永瀬清子から、思いがけずも深い同情と励ましに溢れた長文の手紙が届いて、わたしをひどく驚かせた。そこには、

上村武男様　七月十四日……私はもう年をとっていて悲しいことも多いのですが、文学にかじりついているものは、世の中の悲しいことにつりこまれないことが目標だと、否、悲しいことをのりこえることが、その「文学」のプラス面だと考えて、日々を送りつつあります。……いまは私の孫娘が、豊中の幼稚園の保母に今年からなったので、そのうち御著を送ったらと思っています。朗読にしても紙芝居にしても、子供たちをすぐよろこばせたり、聞き入らせたりできるのは、大へんな

人徳、才能、その他の手腕だと思います。詩の朗読は時々やらされますが、相手が大人であっても大へん。ペンで書く「詩」そのものも、やはり同じなのだと思います。つまりは相手の心に入りこむことなのですから。……子供たちの中で、先生としてずいぶんきたえられて（失礼）いられるのだと思います。親についても、私は今まで生きて、はじめて判ってくることばかりです。すこしずつ自分の愚かさがわかって来ますので、それ故「長生き」をうれしく思っています。いろいろのこと年代を越えて、御著は共感とよろこびを与えてくれました。往復のお手紙もおどろきます。私は86才をすごしました。悲しさも一生縣命ふみこえてよい詩をかくことにつとめつつあり。梶井基次郎さんと佐伯祐三さんのことは中でも私の心にふれるものでした。ありがとうございました。（四、五年前か、もっと以前、佐伯さんの展覧会を京都までみにいき感動しました。北川さんの同人誌にいたので梶井さんのことも親しい方に思えていました）では何卒ご自愛をいのりあげます　永瀬清子

とあった。「父とわたし」には、ふたりの間で交わした学生時代の書簡を引用し、保育通信では「ことば教室」のことを書いていたのであるが、世にはおそろしい読者がいるものだと、わたしは肝に銘じた。本は出版社（編集工房ノア）が送ったのであったろう。永瀬清子のことは、吉本隆明主宰の『試行』に「短章集抄」という、散文詩のような日記のような鮮烈な言葉の連載をしていて、それを愛読していたので、わたしは知ってはいたけれども、まさかの書信であった。永瀬清子はそれから間もなく、阪神

大震災の年の二月に八十九歳でなくなった。新聞の訃報記事で知ったのであった。

平成五年・五十歳

夏から秋にかけて、「鉄橋」「訂正古訓古事記」「八雲と〈日本の脈搏の音〉」などのエッセイを諸誌に発表。

十一月、七五三参りの期間中に、最も親愛していた神職仲間の先輩（尼崎の江田政稔貴布禰神社宮司）が急逝し、通夜の晩、わたしは耐えがたく、長い弔辞を書いた。一週間ほど、口を開くと言葉が嗚咽にかわるという経験をした。先輩は五十七歳であった。ふらふらして神職に身が入らないわたしを、それでも前へと牽引してくれた、唯一、信を置ける同業者であったから、わたしの味わった喪失感は深かった。

そういえば、この年前後、信濃ゆかりの歌人斎藤史の『渉りかゆかむ』ほかの歌集と随筆、精神科医神谷美恵子の『生きがいについて』ほかの全著作、芦田恵之助の『綴り方教授』ほかの国語教育書を読んで、それぞれに大きな衝撃とともに共感と感銘を受けとる。

また平成六年末には、極端な園児減少によって経営難に陥った幼稚園を閉じることを、ひそかに決意する。多端な五十代の幕開けであった。

3

平成七年・五十二歳

一月十七日早暁、巨大地震に見舞われ、自社の社殿は――ご本殿をのこして――ほとんどすべて倒壊。（写真1）社務所（自宅）と幼稚園は、一部損壊。母は、寝ていた部屋で、倒れて来たタンスの下敷きになるが、さいわいベッドの柵で隙間ができて助かる。他の家族は皆、無事であったが、この日から、長い被災と復興再建の年月がはじまる。

二月、ガレキの山と化した拝殿の撤去作業。尼崎、姫路、滋賀など各地の神道青年会の救援隊が助けてくれる。

三月、水堂幼稚園は平成七年度を最後に休園することとし、公表する。

五月、仮設の小さな拝殿を境内につくる。

六月、『兵庫神祇』阪神・淡路大震災特集号（兵庫県神社庁）に「神青災害救援隊に寄す」を発表。

この年、幼稚園は五十年の歴史最後の遠足、最後の運動会などの諸行事をおこなう。五十代に入ったわたしは、体重七十キロを保ち、ありがたいことに、高熱を出して寝込むこともまれになったが、ガレキの山を茫然と見つめているわたしに、中学二年になる息子が、「お父さん、どこか田舎へ行こうよ。幼稚園も神社もつぶれて、もう、ここにいても仕方がないよ。どっかへ引っ越すことは出来ないの」

写真1　阪神大震災で倒壊した社殿
（平成7年1月17日）

と、真顔で尋ねてきたときは、胸がつまって、しばらく何も言えなかった。

平成八年・五十三歳

このころ、胸のつまるような事柄ばかりが身に迫ってきたのであったが、折から募集していた神社本庁設立五十周年記念の懸賞論文に、「古典古代へ還る道」というものを書いて、締め切りぎりぎりで応募。すると、それが計らずも総長賞になり、「神社新報」（六月十日号）に三十枚の論文全文が掲載されるという、珍しい出来事が起った。

論文といっても、エッセイふうのもので、神職としてこの阪神大震災の被災ののち、どう生きるべきか、そもそも神職とはなにか。戦時中の父のあの「社頭講話」の実践などを引き合いに出して、自らに問うてみようとしたのであった。その問いを、折口信夫の「神職よ、もっと勉強してくれ。むかし〈郷党の師父〉であったような神主たれ」との苦言、要請の声を聞きつつ、江戸期国学――賀茂真淵・本居宣長らの日本古典を読む、その学問の道――を窓として立ててみた論稿なのであった。

わたしは、東京での授賞式に出席し、受賞者を代表し「謝辞」を述べた。論稿は、のち『入選論文集』（神社本庁）に所収される。

三月、昭和二十二年以来、親子二代、半世紀に渉って地域の幼児教育に携わって来た水堂幼稚園が、最後の卒園式を挙行。「週刊子らとともに」最終号に、「さらば、水堂幼稚園」を書く。教職を去るさみしさと、小規模園の身を切る経営の苦しさから離れる解放感と、収入の道が大きく閉ざされる不安と、その他もろもろ入り混じった感慨に襲われる。
九月、大きな鉄筋二階建て六教室の園舎を解体し、借地だった敷地を地主に返還する。
十月、『水堂幼稚園五十年誌』を、自腹を切って編集発行する。B5判、百四十ページ、二百部。それの発刊と同時に創立五十周年記念式典（閉園式）を、近くの会館で開く。五十年誌には、創立以来の全卒園児クラス写真をはじめ、園舎、保育の風景、実践記録、教職員の写真を収め、卒園児と教職員と役員の各名簿、沿革史年表などを加えた。わたしはこれを独力で作成し、最後の園長としての務めをわたしなりに果たしたつもりであった。そして、発刊の辞にかえて、次のような「碑銘」という詩を書いて載せた――

風よ　伝えておくれ
ひかりよ　証しておくれ
土よ　しんじつ埋めておくれ
ああ風吹き　ひかりは溢れ……
われらの
水堂幼稚園かつて此処にありしこと！

神社の方は、この秋、ようやくにして、宮司としての復興事業計画案を作成する段階にまで来た。具体的には、宮司家側がまず相当額の拠出を覚悟し――有り金をごっそりつぎ込んで――その上で目標額を決めて募財をおこなう。それと並行して新社殿の建築案も練っていくというものであった。わたしはこの時点で、宮司個人で千二百万円を寄付する決意をした。それに従って神社総代はじめ地域の有志の皆さんがあとについて来るという見通しなのであった。

平成九年・五十四歳

春、水堂須佐男神社震災復興実行委員会を組織、「震災復興社殿再建趣意書」を書く。そして、期待と不安で胸をいっぱいにしながら、慣れない募財活動を開始する。新社殿の設計図素案もわたしが書く。

秋、『春の欄干』を刊行。父方の祖母が十六歳のときに東京で付けていた日記を発見した孫のわたしが、若い日の祖母の姿を顕《た》ち現わそうと、東京や信州長野に幾度も調査に出かけ、旅した記録で、調査は五年越しであった。年末の『週刊朝日』に載った書評(松本健一筆)に、「本書は上村武男が知性の構えをぬぎすて、じぶんを発見せんとした、精神史の旅が産んだ作品」とあった。

平成十年・五十五歳

この年は、まるまる一年、社殿建築工事に明け暮れたが、わたしは「東京本所両国界隈」「祖母は月光をかきあつめて」「境内樹木調査報告」「父の社頭講話録について」などを、諸誌に発表。

秋、兵庫県阪神シニアカレッジで、「自分史」「文章表現」「年中行事」の講座を、担当し始める(一年間ほど続ける)。晩秋、ついにあたらしい社殿が出来上がり、十一月二十九日、ひとひらの雲もない晩秋の抜けるような紺碧の空のもとで、震災復興社殿竣工奉告祭を斉行する。募財は、予想をはるかに超える一億一千余万という額が集まった。

平成十一年・五十六歳

七月、『須佐男神社震災復興記念誌――被災から復興までの四年間の記録』を、復興実行委員会から刊行(写真2)。A5判、百七十ページ、千部。記録写真約百五十枚をはじめ(被災直後からわたしが撮った写真は二千枚になった)、復興計画書・竣工奉告祭祝詞など種々な文献、募財報告、寄金奉納者芳名簿などで構成した。復興事業の余勢を借って工事にかかっていた二階建ての新社務所も、この月の末に完成。これでようやく、阪神大震災からの「災いを転じて福となす」ような復興を成し遂げたことになるわが社であった。

4

阪神大震災の経験は、わたしをして、大いに歴史づかせたと言ってよい。

西暦が二〇〇〇年代に入る平成十二年の二月、わたしは尼崎市教育委員会の戦前教育史編纂会議の席上で、一生懸命、話をしていた。幕末(文化年間)から太平洋戦争の敗戦(昭和二十年)を経て、現在のわたしにまで連なる上村家の、教育者の系譜についてである。そういう趣旨の話をしてほしいと頼まれたからであったが、それはほかならぬこの「累代記」を書くモチーフに直結するような、歴史的自覚をわたしにもたらす契機となったのである。

この年の春、息子が國學院大學神道学科に入学。秋には、『大正の小さな日記帳から』という本を、編集工房ノアから刊行。これは父の大正十年から十五年にかけての小学生時代の日記に、その時代の父の「綴り方」（作文）を添えて編んだもので、わたしの「歴史的自覚」が為さしめた仕事のひとつであった。「朝日新聞」読書面の大型書評（斎藤美奈子筆）と「毎日新聞」の一面コラム「余録」に、それぞれ取り上げられ、ほかにも意外に大きな反響があった。父よ、もって瞑すべし、と思えた。

平成十四年、『社報スサノオ』を創刊（年二回発行し、平成十八年に第十号をもって終刊する）。このささやかな社報は、震災復興寄金をいただいた八百人余りの人たちにたいする、お返しのしるしのつもりで発行したものであった。〈宮守りの記〉〈歴史散歩〉〈境内一景〉などのエッセイを連載し、毎号、千部刷った。

平成十七年一月、阪神大震災十年を機に、社務所において、大掛かりな写真と地図による展示会「わが町いまむかし展」を開催（会期二週間、参観者千四百名）。その地域歴史展のもようを『全記録わが町いまむかし展　尼崎水堂立花　ひとつの地域図誌』として、六月に刊行する（写真3）。また、この年の秋、これまでの三十年以上に及ぶ文学活動にたいして、平成十七年度尼崎市文化功労賞を受賞。父とおなじ賞であった。

写真２　『須佐男神社震災復興記念誌』（平成 11 年 7 月）

平成十九年春、國學院大學神道文化学部を卒業した長男秀嗣、西宮神社での三年間の奉職のあと、自社の禰宜となり、宮司のわたしとともに社務に就く。同じくこの春、尼崎緑化協会主催の「平成十九年度あまがさきフラワーガーデニングコンテスト」において、当社の境内の景観が、設立三十周年記念賞を受ける。わたしの妻の丹精の賜物であった。また同じく、兵庫県神社庁の機関誌『兵庫神祇』の編集委員を委嘱され、引き受ける。

この編集委員を引き受けたのをきっかけに、わたしは『兵庫神祇』誌上に日本神話論（スサノオ論）および祝詞論を、矢継ぎ早やに発表するようになるのであった。それは、大学時代以来、胸に抱きこんだ「宿題」を果たすことであり、わたしなりの〈古典古代へ還る道〉を踏んでいるつもりの論稿であった。この方面への関心が言葉になりはじめたのは、西暦が二〇〇〇年代に入ったころであったから、ほぼ十年のわが思索と体験がそこに注ぎ込まれている。発表形態は、つぎのようであった。

「スサノオ考ノート」（『兵庫神祇』第五百七十八号、平成十九年十月）
「祝詞論へ」（『兵庫神祇』第五百七十九号、平成二十年一月）
「祝詞論――六月晦大祓詞と出雲国造神賀詞をよみながら」（『兵庫神祇』第五百八十・五百八十一合併号・特輯現代祝詞考、平成二十年九月）（写真4）
「大祓詞をめぐって」（『兵庫神祇』第五百八十二号、平成二十一年一月）
「神賀詞論」（『兵庫神祇』第五百八十三号、平成二十一年六月）

これらの原稿はすべて長文で、この怒涛のような連載のあいだ、わたしは極めて充実していたといってよい。そしてその間に、神社本庁研修所主催の三泊四日の専門研修（古事記購読）に参加すべく、伊勢神宮に赴いたり、自選歌集『かなしみの陽だまり』（白地社）を編んだりしたが、最も銘記すべきは、小さな氏神に太平洋戦争末期に奉職した一神官（父）が遺した、未刊行の必勝祈願

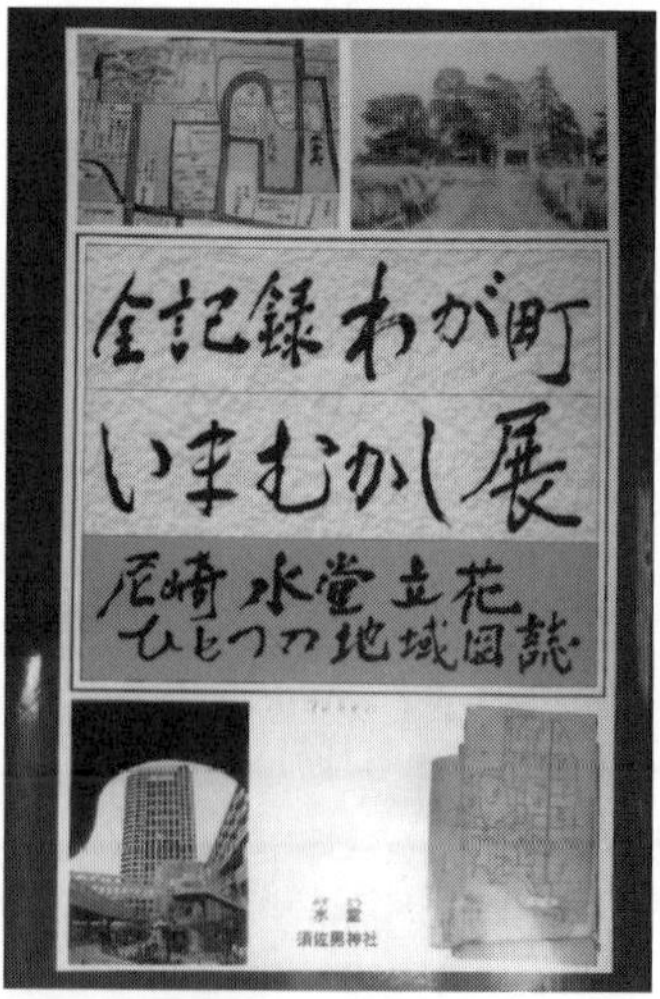

写真3 『全記録　わが町いまむかし展』（平成13年6月）

講話（全百五十九回）から選んで『戦中講話――ある神官の戦争』という私家版の冊子を出したことでなければならないであろう（写真5）。

『兵庫神祇』連載の祝詞論は、増補訂正を加えて、『ふかい森の奥の池の静謐――古代・祝詞・スサノオ』（白地社）として、平成二十三年に出版した。しばらくして、荻原千鶴お茶の水女子大学教授が「図書新聞」に書評を寄せてくれた。いわく――


　本書は「神職による祝詞をめぐる随想」と、一応は位置づけられるかもしれない。しかしその「随想」は、折々の断片的な想念を綴ったものでは決してない。深い思索と何物かを求めてやまぬ思いが、縹渺《ひょうびょう》としたさびしさの波となって、静かに幾たびも押し寄せる。そんな風合いを湛えている。

［中略］著者が求めてやまないのは、〈ほんとうの古代〉ではないだろうか。朝廷儀礼や天皇制に絡め取られ埋没する以前の、詩としての祝詞が立ちのぼる〈古代〉。それは、すべてがそこから流れ

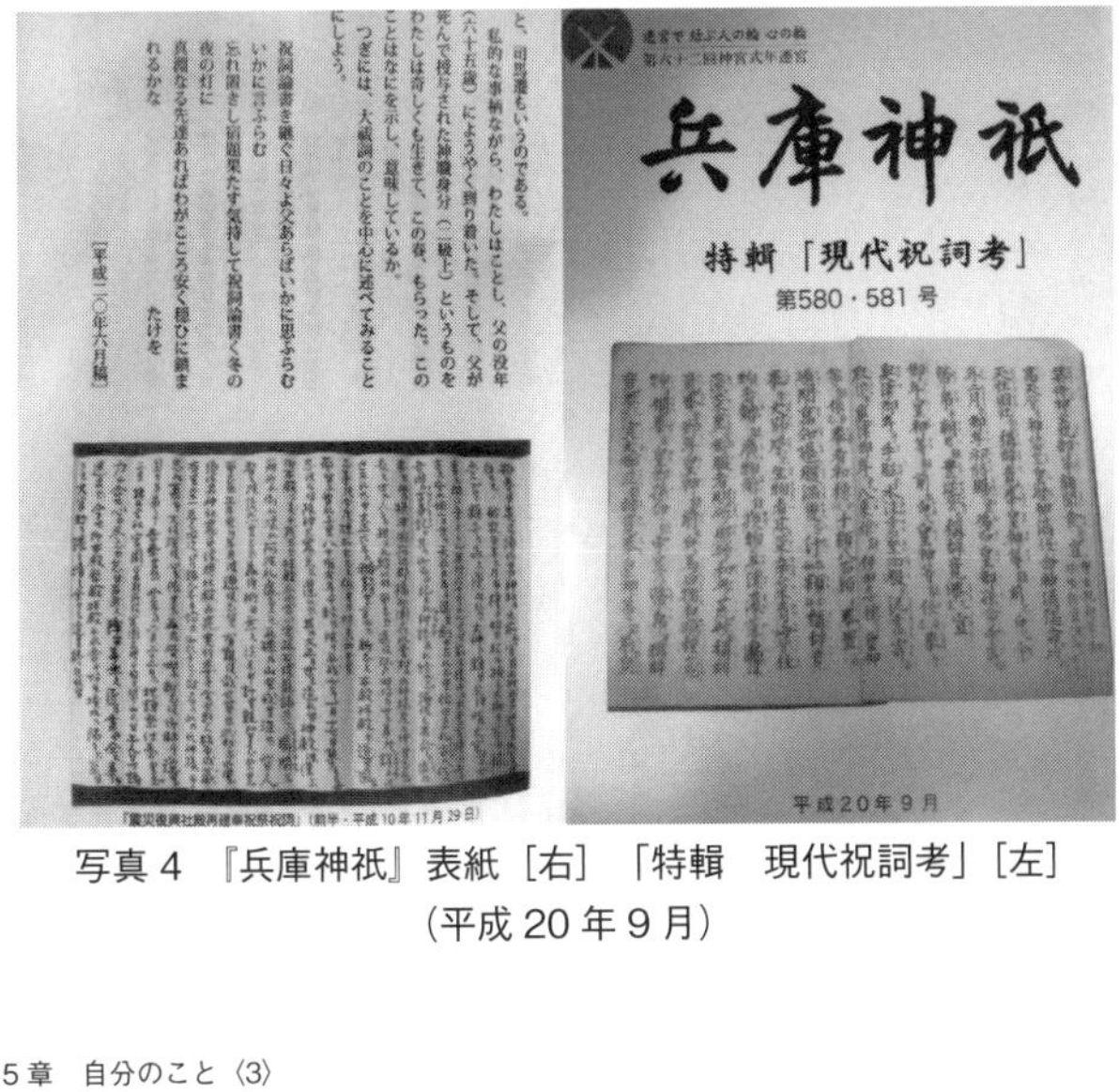

写真４　『兵庫神祇』表紙［右］「特輯　現代祝詞考」［左］
（平成20年9月）

出る「根源」であり、であればこそ同時に、すべてがそこへ帰っていくところでもある。著者が探し求め続けるもの――〈ほんとうの古代〉とは、「死」の「真言（事）」ではないだろうか。本書に漂う縹渺たる孤独。それは著者が「神」と「人」とのあわいに、「古代」と「現代」とのあわいに、「神職」と「文学者・哲学者」とのあわいに、「生」と「死」とのあわいに立つからだ。［中略］そうした位置に立てばこそ、著者は全一への回帰を、繰返し繰返し求めるのではないか。

写真５『戦中講話―ある神官の戦争』

（平成21年2月）

これほどにわが意を得た書評の言葉というのも、珍しい。彼女は古代文学を専門とするひとで、『出雲国風土記全訳注』（談社学術文庫）という本の著者でもある。

ところで翌平成二十四年、神社庁研修講師としてわたしは、京都の石清水八幡宮で、近畿地区中堅神職研修会で「古語拾遺」を講義していた。また、兵庫県丹波市柏原では、丹有地区現任神職研修会において「皇室について――御製をめぐって」と題して、話をしていた。その前年平成二十三年の夏には、淡路島で「教育ニ関スル勅語」をめぐる講義もした。いずれも、わたしには愉しいひとときであった。そして、このころまでが神職としてのわたしの、いわば絶頂期なのであったが、その最中に、わたしはすでに前線から身を引き後陣に退く兵士のように、みずから退陣を考えていた。

平成二十五年五月三十日夜、母逝く。享年九十七。死因は肺癌であった。社務所で葬儀を執りおこなう。平成二十六年春、宮司を息子に譲り（写真6）、わたしは「名誉宮司」の称号を受けることとなった。七十歳を越したばかりであった。

写真6　息子・上村秀嗣　尼崎市産業発展祈願祭にて
（平成23年7月5日）

エピローグ

鎮守の森は栄えているか

祖父母、父母、そして子供、孫たちが自然に集うことができる、そういう場所——それが氏神の境内であり、村やしろの鎮守の森にほかならないのであった。

そうやって、少なくとも江戸期以来、氏子・地域住民は皆、地域の神社の祭礼の日につけ、初宮参りや七五三や成人式や結婚式などといった人生儀礼の日につけ、また、おついたちや十五日のお参りにつけ、誰言うこともなく鎮守に集ってきたのである。

そこには、いわば「ゆるやかなコミュニティ」が、それと意識されないままにも成り立っていたといってよい。

⛩

緑豊かで、広やかで、健康で、清潔な「境域」として、そこは宗教というよりは習俗の場であったろう。鳥居を背負っている以上、そこが神社や神道と無縁な場所であるわけはないけれども、わたしには
それよりももっと原初的な「自然と人間との関係性」そのものが、そこには生き生きと息づいていたよ

うに思われる。

農村地域であろうと都市部であろうと、神社の境内を舞台にして斎行される、あらゆる「まつり」の細やかな部分部分において、その関係性は生きていた。

それだから、全国に八万社はあるという神社だが、もし、この場所が失われるようなことがあったならば、どういうことになるであろうか。わたしの住む尼崎には六十六社ほどある。しかしその三分の二は、いつもは神職がいない、さみしい境内である。全国を見渡しても、そういう神社はたくさんある。

大袈裟ではなく、わたしの危機意識がここにある。そんなことをわたしが気にかけようがかけまいが、「神社神道」は安泰、永遠に不滅だなどとは、とても思えないのである。

神職がぼやぼやしていると、神社は、内部から、みるみるうちに崩れていくであろう。

⛩

五十年近くも神官の衣装を身に纏ってきて、いまさらの感は免れないが、わたしは社務所に座って紙垂《しで》を切っていても、境内に出て落ち葉を掃除していても、もちろん、神事で祝詞を詠んでいる最中にも、その自身の存在理由を問うてみない日はないのであった。

自分が、能力もないのに、こうやってこの神社の神主をしていてよいのだろうか。若いころはとくに、それがいつも不安であった。それなのに、何かと頼りにしてくれる地域のひとたちに対して、じつに申訳がないという思いに苛まれ続けた。

この執拗にまとわりついて離れない自責の念から、いささか解放されたと感じたのは、平成七年一月、正月飾りが取れたか取れないかに襲った阪神大震災で、社殿倒壊という、夢にも思わぬ惨害を被り、四年かけてなんとか社殿再建の復興事業を成し遂げたあとであった。この惨禍は、わたしと神社と氏子・地域住民とを最も強く結び付け、ひと時であったかもしれないが、いわば三位一体の関係を成就させたように思われた。復興基金の募財だけみても、誰も想像しなかった一億一千万を超す額が、八百余人もの人々から集まったのである。

この経験が、わたしに自信をつけ、ようやく地に足がついた一人前の神主にさせたようであった。災害が、わたしを歴史づかせたといってもよい。そのとき、わたしはすでに五十代なかばになっていた。

⛩

そうした日々から、二十年が経った。

当時、理事長兼園長として経営に尽力していた幼稚園は、園児減少の荒波に勝てず、震災から一年後に閉園した。

五十代はじめだったわたしは、七十代に入った。中学二年だった息子は、みるみる大きくなって、いまや、わたしの後を継いで水堂須佐男神社の宮司として、大いに張り切っている。全国神道青年協議会や県の神道青年会の役職を引き受け、尼崎の神職会でもわたしに代わって会議などに出るようになっている。役も持っているらしい。

奇跡的に震災復興を遂げたわが社は、美しく明るい社殿もさることながら、境内にたくさんの四季の草花を、わたしの妻の丹精で育て、鎮守の森の手入れもおこなって、「尼崎でいちばんきれいな神社じゃないか」とまで、ときおり参拝のひとに言われるようになっている。

それかあらぬか、日常の社務をみても、けっこう忙しく、少なくともわたしのころとは神事の件数が三倍、五倍はあろうか。息子は、兼業せず、何の不動産も持たないちっぽけな神社を守って、それだけで身過ぎ世過ぎをせねばならないのだから、忙しくなくては困るのである。

彼は、もう、三人の子の親でもある。その三人目が男で、宗介という。まだ、一歳だが、将来のいつの日か、「おじいちゃんが書いた本を読んでみたい」と、思うかもしれない。

遠い将来のはなしである。それを思うと、わたしは、百年の歳月にも耐えうる作品をこそ書くべきなのだ。そうにちがいない。

⛩

だいたい、神職としてわたしが後世に遺せるものは、あまりに少ない。神社とはどういうものであるか。そこに住まう神職・神官・神主というのは、いったい、どういう人種なのか。わたしには、それに応える資格がほとんど欠けている。ただ、どうしようもなく、物を書いてきた。その作品だけは、遺るだろう。遺る値があって遺るのではない。どうしようもなく遺るだろうと思う。それだけは覚悟せねばなるまい。

神社界といえば、一般に、保守の牙城のように思われている。その通りである。権力に近い。近づきやすい。権力に近くいる自身を自覚することがむつかしいのである。

わたしは、できるだけ権力に遠く身を置くようにして、神社界に身を置いてきた。組織の中の人間としては、それは矛盾した身の処しようにちがいないのであって、そういう意味でわたしはいつも斯界《しかい》のアウトサイダーとなるほかはないのであった。自身のことを「半神主」とか「狩衣《かりぎぬ》を着た猿」とか「祝詞を詠むさえ恥ずかしい」とか言ってきたのは、そのためであった。

〈言うなれば狩衣を着た猿か吾れ祝詞詠むさえ恥おさえつつ〉

兵庫県神社庁の機関誌『兵庫神祇』の編集委員をしていたときにも、組織が推薦する国会議員の宣伝文を、選挙だというと載せなければならず、そうした組織主催の会合では、必ず冒頭に「神宮遥拝」とか「国歌斉唱」をやる。まかり間違うと会の終わりに「天皇陛下バンザイ」などとやる。わたしは、寒気を覚える。ああ、嫌だと思う。

そうしたなかで、スサノオ論・祝詞論（『ふかい森の奥の池の静謐』）を書き現したことだけは、神職としてちょっと自慢していいのではないか。吹けば飛ぶようなこの鎮守の宮守りとして、胸を張ってよいのではないか。というより、そうした根本のところを、問題意識をもって、自分の言葉とアタマとセンスで表現しようなどと、そんな無謀な冒険に旅立つものなど、神社界広しといえども皆無である。わたしはそれをさみしいことに思う。

好きな賀茂眞淵にあやかって、わたしも、下手の横好き、ちょっと試論を書いてみたまでであるが、これだけは神職として自分が誇れるのである。あとは、みんな、父祖はもとより、息子にさえ、負けているだろう。それで当然なのだ。

⛩

新しい宮司は、わたしとはいささか違って、社交的で外向きな性格の持ち主のようである。氏子・地域住民のウケもよいらしい。声も顔もいいとの、もっぱらの評判だ。

それはいいことだ。父親が成しえなかったことをどしどしやるがよい。いろいろ試みてみるとよい。宮司が変われば、神社も変わる。ただ、いつも考えておかねばならぬ。「鎮守の森は栄えているか」——神社が栄えるとはどういうことであるか。優れた神職とはどういうものか。その問いを常に胸にもって、歩かねばならない。

わたしの場合、

「父の悲憤を胸に、子は書かねばならぬ」

司馬遷ではないが、ひたすらそう思って、ただそれだけで神職五十年を走り抜けてきたようなものである。さみしい一本道。遠い道程。しかしもう、取り返しはきかない。

⛩

寂志左乃極
尓堪弖天地
丹寄寸留命
乎都久都九止
思布

左千夫詠
赤彦書

「寂しさの極みに堪へて天地《あめつち》に寄する命をつくづくと思ふ」――どういうわけか、この伊藤左千夫の歌がすきで、島木赤彦の書がまた、すばらしい。

信濃にあるその歌碑の拓本書軸を、わたしは書斎に掛けて、日夜、眺めている。父の遺品のひとつである。

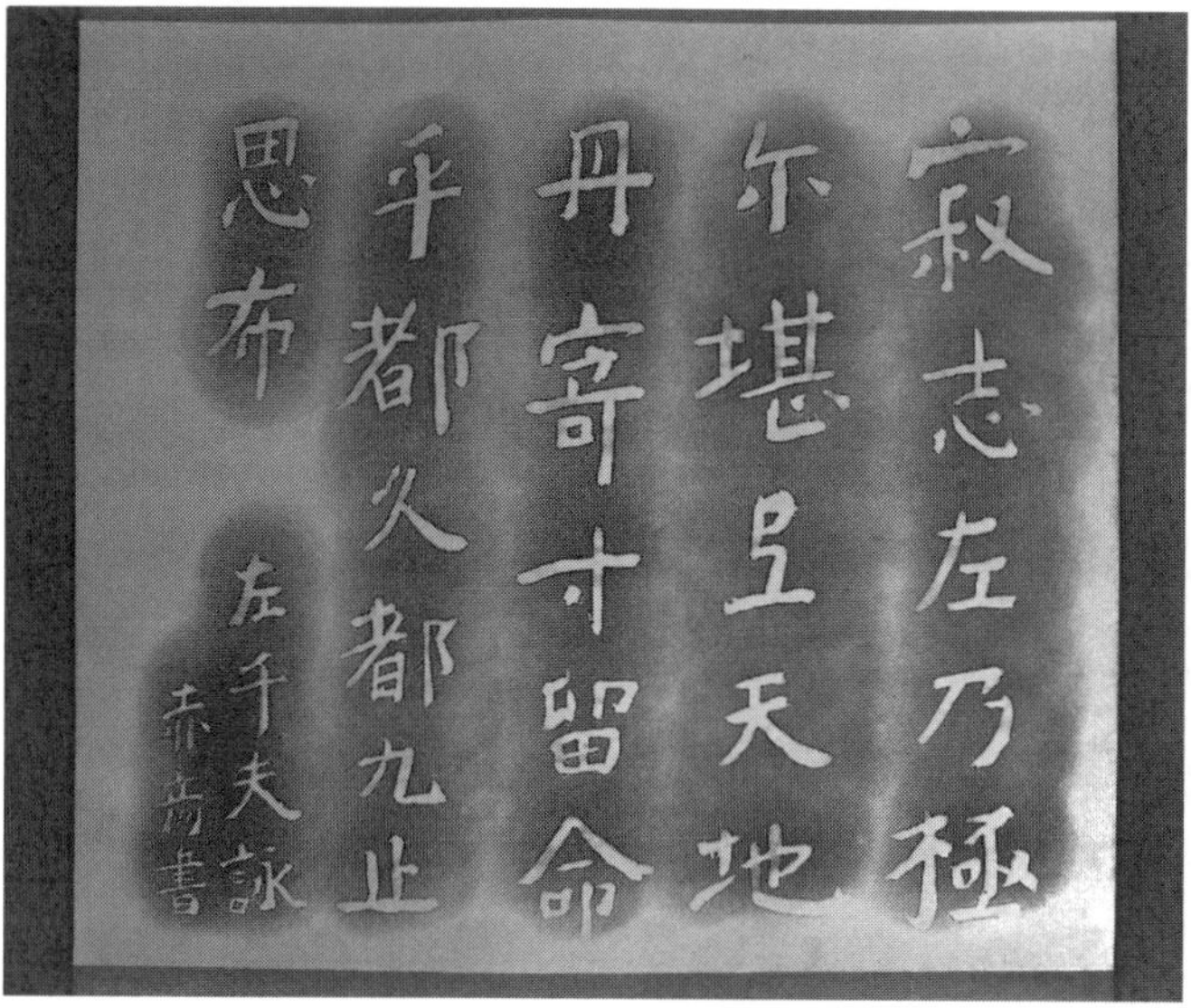

伊藤左千夫　歌碑拓本

《著者インタビュー》

魂を掬い取るしぐさ

《神主さんという仕事》

編集：この神職累代記のなかで、上村さんはお父様の日記や文章をたくさん引いておられますね。

父は、神主として戦時中に考えたことをきちんと記録していた。そういうことを、真面目にやる人は、なかなかないんですよ。父は戦中派よりちょっと年上の世代です。終戦の時三十二、三歳。吉本隆明や三島由紀夫などは、あの人たちは、昭和二十年に二十歳だから、学徒出陣して、純粋なまま死んじゃった人たちと同級生。彼らは本当の「戦中派」なんだけど、父はちょっと上で、それだけ複雑なんですよ。家族も既にあるしね。だから負けた時、父は書いてるけど「死ぬべきだ」とね。だけど、隊の中で年寄りも多く、死ねない雰囲気になって、帰ってきてしまう。非常に大きな事柄なんだし、そういうことは、伝えないといけないんだよね。

編集：神主さんの身分なんですが、これは神道が明治以降、天皇制の中に組み込まれたので、当然の

水堂須佐男神社名誉宮司 上村武男

ことなんでしょうが、公務員だったんですね。今聞くと不思議なんですが、戦時色が濃くなっていく時勢の中で、知識人、文化人たちが意見を主張していたような時、神主さんは、公務員として地元の人から意見を求められたり、地域の活動を先導したり、していたわけですよね。

そういうことです。父もその一人です。戦時中に母がつけていた家計簿があるんですが、そのなかに、わずかな額だけど、兵庫県から俸給をもらっていたことが記されています。

編集：住民に訓示をしたり、出征の時には先頭に立って若い人を戦地に送り出していた。地元の神主さんが、そういう組織的、精神的な指導者だったとは、戦後生まれの私などにはピンとこないんですが。

水堂須佐男神社全景（昭和 30 年）

そうでしょう。当事者が口をつぐんでいるせいもあるし、また逆に、戦後になっても「あんた、国から手当もらってるんでしょう」という人もいた。

編集：最近の話ですか？

僕が神主になった頃でも、神主は公務員だと思っている人や、公務員ではなくてもなんらかの助成金みたいなものを国からもらっているんだろうと、生活費にしているんだろうと、そういうイメージを持たれていたんでしょうね。まったく、そういう助成はありません。

編集：仏教のお寺は、「葬式仏教」という言葉もありますが、法事で檀家からお布施をもらいお墓を管理し、収入の道が具体的に思い浮かぶんですが、神社の収入源というのが、いまいち雲をつかむようで分かりにくいのですが。

大きな神社は別にして、普通の神社は、それ一本で食べていくのは難しい。わずかなおさいせんや、お供や、たまに入る祈祷料ぐらいでは、生活は成り立ちません。特に地方の小さな社では、戦後の新しい体制のもとでは……。父も教員になったし、役場の職員になる人も多かった。戦後間もなくは、人手も足りず、そういう就職は容易だったね。

編集：地元の神主さんなら、役場としても「ぜひ来てください」という態度だったんでしょうね。

そうだね。

編集：神社というのは、辞めたいと思ったら辞められるんですか？　阪神大震災のとき社が壊れて辞めることを考えられたという表現が本文にも……。

うん。息子が「もう引っ越そう」と。ただ、そうもいかなかったな。それからが大変だったが、ここでゼロからやり直すというのは、結果としてはよい地固めになったように思いますね。

《兄のこと》

編集：これはどうしても、伺っておきたいことですが、上村さんご自身の子供の頃の戦争体験というのは？

以前に、甲南大学だったかの人から、同じ趣旨のインタビューを受けたことがありますが、私は昭和十八年生まれなので、敗戦の時に二歳。直接は覚えていないんだ。ただうっすらと覚えているのはうちの近くに焼夷弾が落ちて、家の基礎だけが残っているところで遊んだ、そういう記憶はある。戦後すぐ二十一年か二十二年かと思うけど。二つ上の兄は体験としてあるだろうけれど。

編集：戦争についてお兄さんから聞かれたことはあるんですか？

ありますよ。これは直接の戦争ではないんだけど、父を巡って、神主としての態度について、というか、うちで招魂社のお祭りをやっていたんだけど、日清日露から太平洋戦争に至る戦没者の慰霊をすることが、おかしいんじゃないか、といっ

兄（左）、と父（右）と三人で（大台ヶ原にて）

ていた。

編集：東京の靖国神社が当時の招魂社ですよね。そして各県に護国神社がある。その支社だったということですか？

いや、違う。うちの神社で独自に地域の遺族会を中心に慰霊祭をしていたんです。個人として祈るのはいいとしても、神社の施設を使って組織としてするのはおかしい、と。現在は遺族会は解散し、招魂祭も斎行していませんが。

編集：お兄さんは何歳くらいの時？

二十代から三十歳くらいの時かな。兄は六十年安保の年に東大に入った。学生闘争の渦中にあって、新聞部でね、報道の腕章をつけながら、デモなど現場に行っていた。樺美智子さんが死んだ時やそのあとの新島闘争にも取材で行っていた。ある時、新島闘争のデモを写したニュース映画に、兄貴が大きく写ってたのを、たまたまこっちの映画館で両親が見てしまった。兄はそんなこと何も言ってないから、両親はびっくりし、心配したと思う。兄は、既に思想的にも生活の基盤も、うちとは一切関わらず、独立していくという考えでいたから。高校は神戸高校で、自宅から通っていたけど、大学からはずっと東京や埼玉に行ったままだった。

編集：上村さんも学生の頃、立場としては左翼、ですよね。お兄さんと同じ立場ということでしょうか。

うん。ただ、僕の場合は軟弱だったから（笑）。大学時代の自治会でも一緒だった、ほとんど唯一の親友を、僕のそういう軟弱な態度から失う結果にもなったがね。

編集：政治より文学？

根っからの文学青年だったから。ただ、僕もね新聞やっていたんですよ。中学も高校も新聞部で、大学もはじめ社会学部の新聞学科があるところを受けたんだ。落ちたよ。どこを受けても落ちただろうね。それが良かったよ。（笑）関学だったけど、もし受か

著者の高校時代（国鉄塚口駅にて）

っていたら、新聞社に入って普通に記者になるコースを辿ったか、いや、行けなかったかも（笑）だろうけど、そこが大きな分かれ目で、僕は浪人して、勝手なことをしていた。受験勉強なんかせず、同人雑誌をつくって好きなもの書いたり、うちの神社の社務所で会合開いたり読書会したり。二年間、浪人と称して好きなことをやって、二十歳の時、國學院に入学して東京に出た。

高校の途中からぜんぜん勉強しなかった。僕の高校はまだ設立十年目の県立高校（北高）で、当時は尼崎で一番の高校（県立尼崎）に、追いつけ追い越せの受験指導をしていた。いい大学にたくさん受かったと、学校としては盛り上がっていたんだが、僕は、その教育方針が非常に嫌だった。高校二年まではなんとか普通にしていて、それから完全にドロップアウトした。こんなのがほんとうの教育なのか、という根深い批評精神をもっていたね。ちょうど祖母が自死したころです。

編集：お兄さんに対しての引け目や対抗意識というのはなかったのですか？

なかったわけではないだろうが、僕が東京に出た時（大学入学時）は兄と同じ下宿だった。東京オリンピックがあり、新幹線が開通したりした時代。下宿代が畳一畳千円と言われていた当時、四畳半の板橋の素人下宿に兄と暮らしていた。そんな部屋に二人で住んでいて非常に仲は良かった。僕が兄に対して反発するということはなかったね、もちろん気づかないところで屈折していたのかもしれないが、学ぶところ多大なものがあったと思うね。兄はたしかに秀才中の秀才だけど「人間味は弟のほうにあるね」

と、後年に中学時代の担任から聞かされたことがあります。まあそういう関係ですね。

編集：戦後、イデオロギーが押し寄せてきた時代、当時の学生運動のような雰囲気に影響を受けて、お父様や、お兄さんに対する考えももちろんですが、先生ご自身の思想が培われたということでしょうか？

そのとおりでしょう。ただ、父に対する兄と僕の態度のとり方はまるで正反対だった。兄にとって父の存在は「全否定の対象」だった。自分でそう言ってましたね。僕の場合は違った。僕にとって父は人として断然「上」という思いが常にあった。非常に父を敬愛していた。そんな気持ちに堕落していく自分がぎりぎりのところで救われた部分があった。その言い知れぬ恩義の思いを実現するため、今回の執筆に至ったといってもよい。父は社会的には認められない存在だった、神職としても教員としてもとても不遇だった。そういう父の寂しさや家庭の問題も含めて、僕はそれを引き受けなきゃいけない立場にあった。僕は神社の宮司を継ぎ、幼稚園の園長も継いだけれども、その根底にあったのは父を「本来の姿」に在らしめたいという思いだったね。ほんとうの父の姿の顕現。そしてそれが僕の生きがいにもなっていたね。ほとんど唯一の生きがい。「父のためには、この俺は死ねる」と、いつのころからか思うようになっていった。異常です。

《累代記のモチーフにふれて》

編集：お父様の悲しい気持ちには先生がお子様の頃からきづかれていたのですか？

いいや、大人になるにつれてだんだんと気づいてきた感じだね。兄が家を出て行くと決心をした時から、僕の方が断然そういったことに、家庭内のことでも真正面から対峙することが多かったからね。ただ、すべてを知ることができたのは、やはり父が亡くなってからだね。僕は物書きとして、僕が書かなきゃ誰がこのことを書くんだという意思はあったが、それがほんとうにできるようになったのは七十歳を超えてからだよ、親父が亡くなったのは僕が三十四歳の時。やらなきゃという思いはあっても世間に発表するというところまで、気持ちの整理をつけるまでにそれだけかかるんだよ。親父は自分で命を絶った、身内からそういった人がでると残された家族には三十年はなんらかの影響が出ると実感したね。

曾祖父・道賢の葬儀（昭和11年）

編集：ある意味その影響から解き放たれるために筆をとった部分もあるんですか？

そうだね、解き放たれるために書いたのかもしれないし、書くことによって解き放たれたのかもしれない。これを書き上げるのに三年かかった（二年半前から雑誌連載）。そして本書を書き出すと同時に母が九十七歳で長逝し、息子に宮司を譲るタイミングが訪れた。ちょうどよかった、なるようになったなという感じだね（笑）。とにかく、僕の物を書く姿勢というのは、根のところでいえば、自殺者の魂を掬い取る、そのしぐさの清さ、やさしさにかかっているといえるのかもしれない。祖母（父の母）が自らのいのちを絶ったのは、僕が十七のときだった。僕はそのころ祖母がいちばん好きだったのだよ。それ以来だね。

学校で相撲体操を教える上村秀男

《哲学・文学・教育のこと》

編集：哲学のことについてお聞きしたいのですが、その入り口はどのあたりだったのでしょうか？

浪人時代に父の書棚にあった西田幾多郎の『芸術と道徳』という一冊の本を手に取ったのがはじまりかな。その頃からニーチェなどは読み始めたね。なぜその道に興味を持ったのはわからないけども、もともとそういう気質だったのかもしれないね。本気になってきたのは最初の妻との結婚生活がうまくいかなくなった頃かな。二十代の終わりから三十歳にかけて。「哲学は人生の悲哀にはじまらねばならない」という西田の言葉がじつに身にしみたね。そういう入り口。

文学をすると心がざわめくんだよ、そんな時に哲学に触れると心が静かになる。心が安定するのかな。西田幾多郎にしても自分を救済するという思いがあった。数学的なセンスもあり、数学者になるか哲学者になるか迷った上で哲学の道を選んだ人なんだ。歌もいいしね。そんなところにも惹かれたね。書簡がまた、魅力的なのです。書簡といえば、ヘルダーリンという詩人に「挫折した詩人が安心して入ることができる唯一の病院、それは哲学という病院だ」という手紙の言葉がある。これなど、僕にはぐっときたね。うまいこと言うなあって。

編集：いちばん尊敬される人物というのは？

文学者で言えば高村光太郎、吉本隆明。哲学者で言えば西田幾多郎だね、西田を読めば世界の哲学を読むということにつながると思っている。いろんな本を読んだ、ただし全部独学だよ。

そのスタイルは吉本さんに習っているんだ。かれは基礎がしっかりしているから僕とは全然レベルが違うけどね（笑）。好きな作家、芸術家なら、梶井基次郎と佐伯祐三ということになるか。吉本隆明という人の本領は、文芸評論にあるのじゃないですかね。僕などはその側面に最も影響を受けたし、いまもって魅力を感じます。

編集：吉本さんのお話を一旦切り上げ、ニーチェについてはいかがでしょうか？

アナーキーなところが僕自身にあるね。神社で読書会をしていたんだ、ドフトエフスキーなどもね。例の浪人していたころ、同人雑誌のメンバーとね。最も愛読したのは、ニーチェは『ツァラトゥストラはかく語りき』、ドストエフスキーは『悪霊』かな。なかでもキリーロフという登場人物など―建築技師で若くして自殺するんですが―なかなか引き入れられたものです。

編集：お父様と文学について語り合ったりというのはなかったのですか？

あんまりなかったね。手紙のやりとりはたくさんした。二百七十通くらい往復書簡が残っています。文学についても父は僕のたいへんな「教師」だったのです。直接話すことはほとんどなかったけども、今でも覚えているのは、浪人していた頃、父に「お父さん、文学者でいちばん誰が好き？尊敬してる？」

武庫大橋（平成 28 年 1 月）

と聞いたことがあった。一瞬があって、「芥川龍之介だね」と父は答えた。父は大正教養主義的なところがあった。

僕には、本なんか読んでもしょうがないという考えもあった。だからカメラを手に取ったりすることにつながっているのかもしれないね。物を書いたりすることだけでなく、写真や文書を軸に地域振興的なことを企画するということに意義を感じていた。兄の場合は学者、研究者の道一本でいった。しかし、その大変さは身近で見てきたぼくがよくわかっているけどね。もし自伝を綴ることがあったら、そのへんの兄のことや自分の自己形成史のことも書いてみたいですね。

編集：一度ご就職されたのはどちらに？

大阪府吹田市の教職員組合だったね。父が入院していたベッドの隣に大阪府教組の書記長という人がいて、フラフラしていたぼくに声をかけてくれたんだよ。勤め人の生活は、新鮮だった。吉本さんの思想的感化から「生活的に自立しないかぎり、いかなる思想的自立もありえない」と心底おもって、大学を中退、勤め人となったのです。ただ、僕は勤め出して半年余りで体調を崩してしまったがね。血を吐いてぶっ倒れた。

編集：体調を崩されたのは私生活のことも関係あるんでしょうか？

愛用のカメラと手帳

深い森の奥の池（新潟にて・平成 28 年 10 月）

そうだね、私生活での物書きの無茶や生活の乱れも影響していたのかもしれない。それにもともと、中学・高校のころから胸は弱かった。

編集：カメラはいつ頃から？

中学生の頃だったと思う。カメラは多分親の物だったはず。

中学・高校時代の家族旅行でいちばん感動したのは自然の風景だった。紀伊半島の大台ヶ原、伊豆大島、近くでは六甲山や琵琶湖。そこから自然の風景をカメラに残すことに没頭したたね。比較的たくさん家族旅行に出かけたしね。父との楽しかった思い出がそう感じさせるのかもしれないが。

編集：やはりお父様は温厚で優しい方だったのでしょうか？

水堂幼稚園運動会

優しかったね。すくなくとも僕には。兄には手を挙げ、顔をぶん殴っていたね、高校のころから。

編集：先生の教え子さんにも伺ったのですが、やはり園長先生（筆者）はとても優しく、反面先生のお母様は厳しい方だったとおっしゃっていましたね。

いつの間にそんなこと聞いたのかね（笑）。確かに母は女子師範学校出身で当時のエリート中のエリートだったから、なんでもできるように厳しく指導していたんだろうね。そういう意味では父の優秀なところに惹かれるところもあったんだろうね（笑）。母が父に惚れたのは、たしかだね。恋愛の初期はいつも美しい、とキルケゴールも言っている。

編集：先生のお子さんもご自身の園出身と聞いていますが、自分の子供に教えるというのは難しいものでしたか？

そうだね、僕らの場合、妻も園の仕事をしていたので、ほったらかしだった。ある日、夕方まで息子がいないことに気づかなくて、慌てて探し出したら警察から連絡をもらった。やんちゃな友達の後をついていったら帰ってこれなくなったらしい。ともかくそれくらいほったらかしだったね。ほったらかし

兄（右）、妹とともに。埼玉にて（平成24年）

ているうちに、じぶんでちゃんと育っていったのだね。しかし、家族旅行にはよく出かけていたほうではないかな。ワゴン車を僕が運転して、ヒマを見つけてはよく行ったな。

編集：反抗期とかはなかったのですか？

娘はある程度あったが、息子はほとんどなかった感じだね。自分では反抗しているつもりがあったかもしれないが、神社を継ぐことに対しても抵抗はなかったみたいだね。小学校の作文に「お父さんの仕事の後を継ぎたいです」と書いてくれて、小さな頃から自覚があったみたいだね。自覚というと大げさだが、なんとなく物事はなるようになっていくんだね。これは、いわゆる「後継ぎ問題」ということで、神社界でもなかなか難問題なんだが。

（二〇一六年九月）

あとがき

この本の題名を「遠い道程」としたのは、あの高村光太郎の著名な詩のなかの言葉から採ったのである。

僕の前に道はない
僕の後ろに道は出来る
ああ　自然よ
父よ
僕を一人立ちさせた広大な父よ
僕から目を離さないで守ることをせよ
常に父の気魄を僕に充たせよ
この遠い道程のため
この遠い道程のため

これであるが、この詩「道程」以上に、わたしの神職累代記のモチーフを端的に言い当てている言葉はない。そう思い至って、迷った末この書名に着地した。サブタイトルは最初から決めていた。

着地してから改めて思えば、わたしがはじめて出版社から公刊したのは『高村光太郎　高貴なる生の廃屋』（弓立社）という、書き下ろしの評伝であった。一九七〇年一月、まだ三十一歳のときのことである。その本に添え書きをして、

「おもえば、上村武男とはじめて出遇ったのは、かれがまだ学生の頃であった。あの大人びた重厚な風貌に出遇うこともなくなって、もう七、八年にもなるのではないだろうか。かれは、私家版のユニークな著書を、これ以前にもっているが、たぶん、これが最初の公刊された著書であろう。すでに生存にまつわる切迫した焦慮が、上村を追いかけている息づかいが、論の間から聴こえてくるように感じられる。ある生活史の岐路に棒立ちになっている上村の苦痛の表情は、同時に、この高村光太郎論を、たんなる研究とは対照的な意味で、重からしめている。悲しいが、それはかれのこれからの仕事に、わたしが賭けうる期望につながっている」

こう述べてくれたのは、吉本隆明であった。そのかれの「期望」にどれほど応えられたかはわからない。しかし、それから四十数年が経って、この神職累代記を書くことによってわたしはまた、その最初へと、ゆっくり、しかし確実に還ってゆくようだ。

出で立ち、踏み迷い、なにごとかを知り覚えたかとおもう間もなく、もういっさんに還りゆく。それがわたしたちの人生の姿ではないか。そういうことを、この『遠い道程』を綴りながら、あらためて強

く自覚させられた。

本文全十五章は『歴史と神戸』という、神戸史学会の機関誌に、いささか場違いながら、ここ二年半にわたって連載させてもらった原稿が元になっている。その本文を挟む二つのエッセイはこの本のために書き下ろした。また、「魂を掬い取るしぐさ」という著者インタビューも、本書のためにわたしの神社の社務所で録音された原稿に、補筆を施して成ったものだ。

このインタビューの中で、高校三年生のときに関西学院大学の社会学部新聞学科を目指して受験して落ちたことをしゃべっているが、わたしが世の中でいちばん嫌いなのは、試験と、みそ汁に入っている出汁じゃこの皮である。ちなみに、好きなのは涼やかな女と、焼きたてのアップルパイ。

思いがけず、本書の出版を申し出ていただいた樹林舎の山田恭幹社長、および編集担当の宇佐美紀人氏に、感謝の意を表します。

二〇一六（平成二十八）年秋十一月

上村武男

《参考文献》

『上村秀男著作集』全三巻　上村武男編　著作集刊行会　昭和五十二年
「上村秀男日記」（未公開）
『尼崎志』永田利三郎　昭和六年
『尼崎市史』尼崎市役所　昭和六十三年
『尼崎市戦前教育史』CD版　尼崎市教育委員会　平成十五年
『図説 尼崎の歴史』上下巻　尼崎市立地域研究史料館編　尼崎市　平成十九年
『尼崎神社あんない　市内六十六社のしおり』兵庫県神道青年会尼崎市支部　昭和五十六年初版・平成十三年改訂版
「吾がうたくさ」（未公開）上村秀次　明治三十一年
「明星」第六号〜十一号　明治三十三年九月〜三十四年三月　東京新詩社
「こぼれ梅」第五号・第六号　明治三十五年十月・十一月号　関西青年会
「上方」第五十九号（尼崎号）昭和十年十一月　創元社
「境内編入願」水堂須佐男神社古文書　明治三十三年
「社務所新築寄附芳名帳」水堂須佐男神社古文書　昭和十七年
「神道の史的価値」折口信夫　大正十一年（『古代研究 民俗学編第一』大岡山書店・昭和四年所収）
『山家集』西行　岩波文庫　昭和三年

『うひまなび』賀茂眞淵（『近世神道論 前期国学』日本思想体系25・岩波書店・昭和四十七年所収）
『訂正古訓古事記』三巻　本居宣長　享和三年（一八〇三）
『古事記標注』三巻七冊　敷田年治　明治十一年
『茶の本』岡倉天心著　村岡博訳　岩波文庫　昭和四年初版　昭和十四年改版
『読書と人生』三木清　新潮文庫　昭和四十九年
「家計簿」（未公開）上村政子　昭和十五年〜昭和二十二年
『値段の明治大正昭和風俗史　上・下』週刊朝日編　朝日文庫　昭和六十二年
『地に芽ぐむもの――父と子の往復書簡』上村秀男著　上村武男編　私家版　昭和四十七年
『大正の小さな日記帳から』上村秀男著　上村武男編　編集工房ノア　平成十二年
「社報スサノオ」創刊号〜第十号（終刊号）須佐男神社　平成十四年〜平成十八年
『父の肖像　アルバムのなかの上村秀男』上村武男　私家版　平成十九年
『戦中講話　ある神官の戦争』上村秀男著　上村武男編・解説　私家版　平成二十一年
『春の欄干　若き日の祖母をたずねて』上村武男　編集工房ノア　平成九年
『災害が学校を襲うとき　ある室戸台風の記録』上村武男　創元社　平成二十三年
『ふかい森の奥の池の静謐　古代・祝詞・スサノオ』上村武男　白地社　平成二十三年
『水堂幼稚園五十年誌』上村武男編　学校法人水堂学園　平成八年
『須佐男神社震災復興記念誌　被災から復興までの四年間の記録　1995-1999』水堂須佐男神社震災復興実行委員会　平成十一年

『全記録わが町いまむかし展　尼崎水堂立花ひとつの地域図誌』上村武男編　水堂須佐男神社　平成十七年
『尼崎の今昔』（写真集）　上村武男監修　郷土出版社　平成二十一年
『尼崎の昭和』（写真集）　上村武男監修　樹林舎　平成二十八年

このほか、ウェブサイトを利用して神宮皇學館（のちの皇學館大學）、哲学館大学（のちの東洋大学）の校史も参照した。

上村家神職系図
（親戚を含まず）

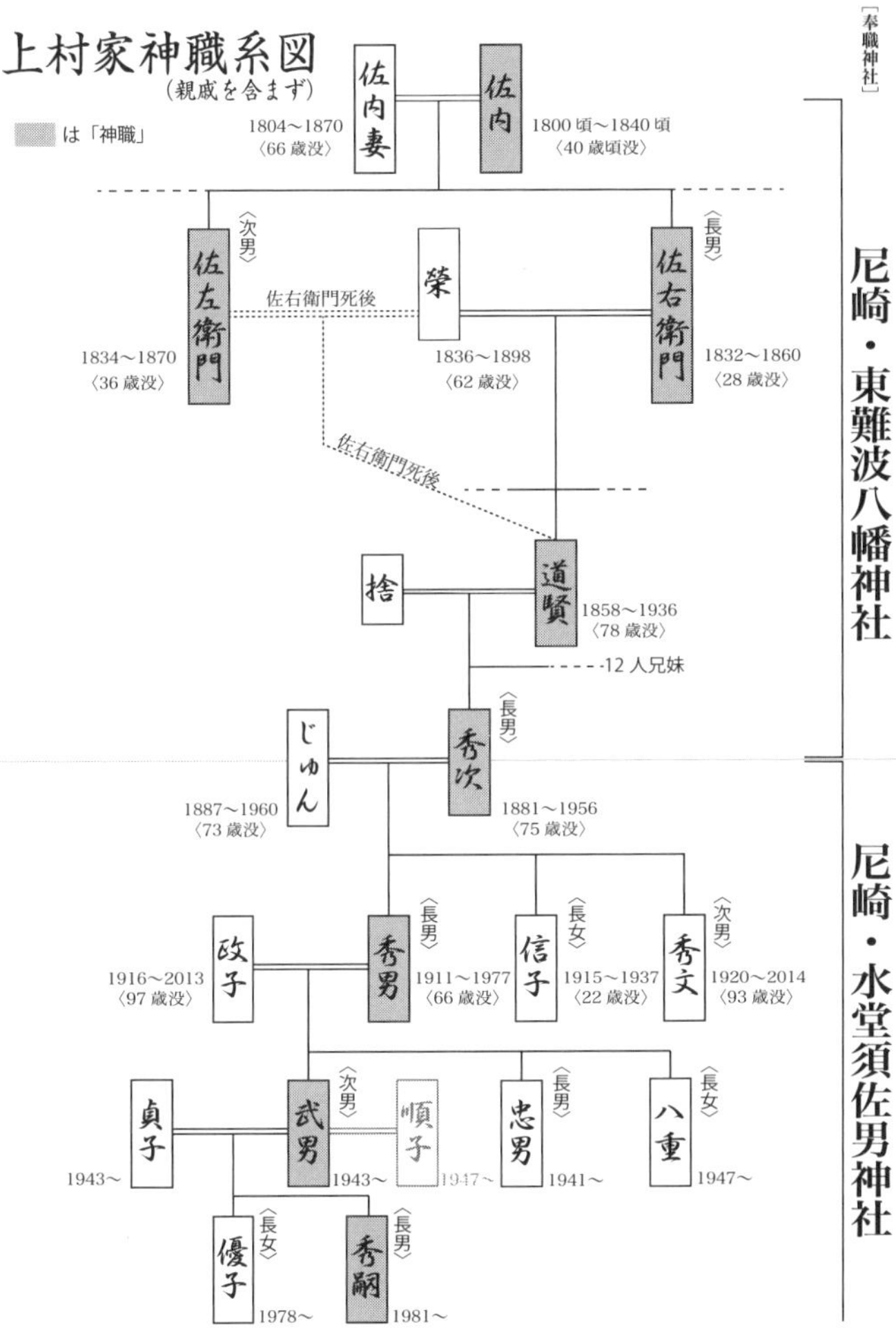

著者略歴

上村 武男（うえむら・たけお）

1943年兵庫県尼崎市生まれ

神職・作家

平成17年度尼崎市文化功労賞（文学）受賞

著書に『高村光太郎』『帰巣者の悲しみ』『吉本隆明手稿』（以上、弓立社）『哲学徒と詩人』『山陰を旅する人たち』『梶井基次郎　落日の比喩』『春の欄干』（以上、編集工房ノア）『西田幾多郎　過程する球体』（行路社）『〈気配〉論』『歌集　かなしみの陽だまり』『ふかい森の奥の池の静謐』『形なきものの影』（以上、白地社）『保存版　尼崎の今昔』（監修・執筆　郷土出版社）『災害が学校を襲うとき』（創元社）『写真アルバム　尼崎の昭和』（監修・執筆　樹林舎）など

遠い道程　わが神職累代の記

2017年1月13日　発行

著　　者　上村 武男

編集制作　樹 林 舎
〒468-0052　名古屋市天白区井口1-1504
TEL: 052-801-3144　FAX: 052-801-3148
http://www.jurinsha.com/

発 行 所　株式会社人間社
〒464-0850　名古屋市千種区今池1-6-13　今池スタービル2F
TEL: 052-731-2121　FAX: 052-731-2122
email：mhh02073@nifty.ne.jp

印刷製本　モリモト印刷株式会社

ISBN978-4-908627-10-1　C0095